꽃도 슬플 때 있어요

홍미영 自選集

한비시선 036
꽃도 슬플 때 있어요

초판인쇄 2013년 2월 4일 **펴낸이** 김영태 **지은이** 홍미영 **펴낸곳** 도서출판 한비CO **출판등록** 2006년 1월 4일 제 25100-2006-1호
주소 700-442 대구시 중구 남산2동 938-8번지 미래빌딩 3층 301호 **전화**053)252-0155 **팩 스** 053)252-0156
홈페이지 http://hanbimh.co.kr **이메일** kskhb9933@hanmail.net **후원** 월간 한비문학

ISBN 978-89-93214-57-4
ISBN 978-89-93214-14-7(세트)
값 15,000 원

* 잘못된 책은 교환해 드립니다.
* 저자와의 협의로 인지는 생략합니다.

꽃도
슬플 때
있어요

홍미영 지음 | 김영태 추천

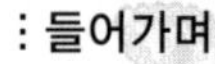

앞만 보고 정신없이 달려온 시간들이다. 무쏘의 뿔처럼 그냥 달렸다.

어느덧 불혹 아직도 미성숙 된 자아로 날마다 힘겹지만 즐겁게 씨름하고 있는 중이다.

천진한 바보인 척하지 않아도 이미 난 아둔하고 둔하지만, 세상은 내가 사랑한 만큼의 사랑을 주고 또 바라본 만큼의 꿈을 안겨주기에 현재의 내겐 가당치 않다고 느끼는 삶조차 사랑을 하며 또 꿈을 꾸어본다.

내 안 그대와 나의 경계는 없는데 늘 현실의 경계에 얽매여 사랑할수록 고독에 몸부림치는 내가 사랑하는 그대는 누구이고 또 나는 누구인가?

오늘이라는 길을 걸으며 울고 웃고 또 노래를 부르며 시를 쓰며 나의 삶이 흐트러지지 않도록 기도를 한다.

펄 속으로 파고드는 물고기처럼 시의 세계로 빠지기 위해 더욱 진저리치도록 삶을 열정적으로 사는 일을 아마도 죽는 날까지 멈추지 않을 것이다.

끝으로 그동안 7권의 시집을 낼 때마다 미진하고 부끄러운 시에 과분한 옷을 입혀 주시고, 시 앞에서 작아지고 도망치는 나를 붙들어 매어주고 용기를 아낌없이 주신 김원중 시인, 박해수 시인, 하길남 시인, 서정윤 시인, 김영태 시인 그리고 이 세상에 남기는 마지막 글을 부족한 후배의 시 평으로 남기고 먼길 떠나신 박곤걸 시인께 감사를 드린다.

2013년 2월 4일 입춘날

책임종합공구에서 홍미영

: 추천사

홍미영 시인은 뜨거운 피를 가진 수다가 많은 시인이다. 그 뜨거움과 부산함이 홍미영 시인의 시의 원천이고 삶의 힘이다. 그녀의 수다는 자신을 위한 것이 아니라 타인을 위하여 활짝 열어놓은 귀의 역할로 타인의 아픔을 공유하고, 자연의 변화와 생리에 적응하여 화합과 포용, 이해의 넓고 깊은 마음의 강을 가지고 있음이다. 수다를 가지고 있으면서 뜨거움이 없으면 그것은 높은 산에 나무가 한그루도 없는 것과 같이 황량한 인간성에 머물고 말지만 뜨거움이 있는 마음은 수다와 더불어 활력을 가진 생성을 가진다.

홍미영 시인은 5년에 걸쳐 일곱 권의 시집을 발간하면서 시에 전착하는 삶의 형태를 보이면서도 시에 집착하여 시만을 위한 행위에 빠져들지 않고 시를 뿌리로 하여 행복을 나누는 전도사로, 웃음치료사로, 노래하는 시인으로 세상에 자신을 내어 보내어 자연의 대지와 같은 역할을 마다하지 않는 살신성인의 자세를 가지고 모두의 사랑과 행복을 위하여 자신의 삶을 시와 함께 세상에 내어놓은 진정한 문인이자, 세상을 평정하는 무사의 기개를 보여주고 있다.

홍미영 시인이 보여주는 시의 자세는 삶에 기인한 사랑을 최우선으로 그 사랑은 자신을 아끼는 이기적인 사랑이라기보다 나누어주고 안아주는 세상이 자신에게 의지하게 하는 진정한 문인의 자세로 인기와 물질에 영합하지 않는 순백의 시 세계와 문인의 마음 자세를 하고 있다.

세상이 문명과 물질에 끌려다니다 보니 문학 역시 거기에서 벗어나지 못하고 인기와 돈, 명예에 집착하는 글들이 횡행하고, 조금만 인기를 얻게 되면 문인의 사명의식을 팽개치고 문학이 아닌 다른 길로 접어드는 것이 부지기수인 요즈음에 묵묵하게 문학의 밭을 일구는 홍미영 시인의 정신과 마음은 이 시대 우리가 바라는 문인의 자화상이 아닐까 여겨진다.

홍미영 시인이 발간한 시집 1집 '미운 오리 그리고 사랑'부터 7집 '회상'까지에는 우리의 삶과 사랑 그리고 행복과 그것들을 찾기 위한 구도의 길과 자세를 순연하게 들려주고 있다. 그러나 그러한 작품 속에서도 더욱 빛을 내고 향기를 내는 작품이 홍미영 시인의 시집 속에 들어있는 약 1,000여 편의 시에서 독자들이 일일이 찾아보기는 참으로 어렵고 시간도 많이 걸려서 오랜 준비 기간을 거쳐 지나간 시집은 보지 않는 현실 속에서 그런 시들을 다시 부활시켜 독자와 함께 음미하고 공감하고자 하는 마음에 기쁘고 즐거운 마음으로 이번 작업을 하게 되었다.

한 시인의 정신과 의식 그리고 지향하는 삶의 세계가 담긴 작품을 개인적인 주관으로 선정하는 것은 참으로 힘들고 어려운 일이지만 이 작업에 기꺼이 마음을 열어 준 홍미영 시인에게 감사를 드린다.

이번 작업에서는 홍미영 시인의 총체적인 작품 성향과 작품이 지향하는 바를 볼 수 있는 모든 시편을 다루기에는 작품의 수와 그 내용이 방대하고, 하나같이 버릴 것 없는 유쾌한 웃음과 긍정의 마음을 갖게 해주는 빛나는 작품이지만 그중 사랑을 기초로 하여 상처의 치유를 통한 행복 찾기에 품을 열어놓은 작품을 중심 주제로 하였다.

이번 작품을 기획하면서 나머지 작품에 대한 미련도 많이 남았으나 다음에 또 좋은 기회가 있을 것이라 여기며 여기에서는 마음을 따뜻하게 하고 긍정의 시학을 통한 행복한 마음 갖기에 도움을 주고, 상처에 위안이 되는 사랑의 시편 100편을 소개한다.

여기에 소개한 시편은 봄날의 포근한 햇볕과 훈훈한 바람을 동반한 느긋함과 포근함으로 아픔을 치유하고 슬픔을 안아주는 사랑의 시와, 우울과 절망을 뿌리치고 씩씩하게 걸어나갈 수 있는 유쾌하고 통쾌하며, 힘과 용기를 주는 뜨거운 생활의 시 모음이다.

이번 작업은 홍미영 시인의 1,000여 편의 시를 일일이 읽고, 파악하고, 감상하여 주관적인 생각보다는 객관적인 자세로 시를 선별하기 위하여 기울인 노력이 필자의 시를 창작하는 것보다 고되고, 시간도 많이 소비되어 힘들었지만 작업 내내 즐거웠던 것은 좁게는 홍미영 시인의 작품 변천사를 통하여 시의 발전과 성향을 파악하는 것이었고 넓게는 현 시대에 직면하고 있는 시인의 시의 방향을 통하여 우리 문화와 문학을 검증하는 뜻 깊은 일이 되기도 하였기 때문이다, 그러나 더 큰 기쁨으로 지루한 시간을 견딜 수 있었던 것은 시간이 지남에 따라 사장되는 좋은 시를 발굴하여 다시금 독자에게 말간 얼굴로 보여주어 시의 기쁨을 전달한다는 사명감 같은 것도 있었기 때문이다. 모쪼록 많은 독자가 홍미영 시인의 시를 통하여 사랑 찾기와 행복 찾기에 성공하기를 바라는 마음이다.

끝으로 지난해(2011년) 제3회 미당 서정주 시회 문학상 수상을 뒤늦게나마 축하하며, 지금도 어디선가 사랑과 행복의 품을 팔고 있을 홍미영 시인에게 문학의 영광이 함께하길 기원한다.

2012년 12월

남산동 서재에서 김영태

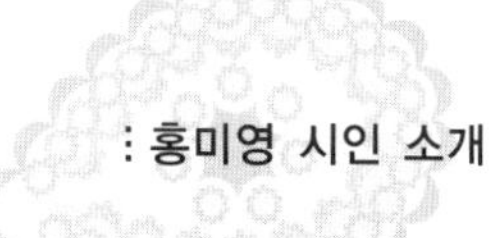

: 홍미영 시인 소개

충북 제천 출생으로 문단에 정식으로 등단하기 전에 시를 습작하여 제1시집 '미운 오리 그리고 사랑'을 발간하여 시에 대한 열정과 재능을 선보였으며, 월간한비문학과 계간 아람문학에서 시 부문 신인상을 수상하면서 본격적으로 시를 쓰기 시작하였다. 홍미영 시인은 시가 생활로 언제 어디서나 펜을 가지고 다니면서 틈만 나면 시의 영감을 메모하여 시로 빚어내는 준비된 시인이다.

홍미영 시인은 끝임 없이 진화하는 열정을 가진 예술인으로 문학뿐만 아니라 웃음치료사, 행복지도사로서 만인의 가슴에 응어리진 마음을 풀어주고, 희망과 용기를 주고 다니는 바쁜 시인이기도 하다. 또한, 시의 고유 음률을 놓치지 않고 직접 쓴 시를 노래로 작사하여 그 흥을 직접 목소리로 담아내는 가수로도 활동하여, 노래하는 시인으로도 알려져 있다.

지칠 줄 모르는 시인의 뜨거운 가슴은 주체할 수 없는 시의 열정으로 제1시집 '미운 오리 그리고 사랑', 제2시집 '바람의 손을 잡고', 제3시집 '웃음 푸는 여자', 제4시집 '행복을 팝니다', 제5시집 '걸어다니는 꽃', 제6시집 '사랑, 슬픈 거짓말', 제7시집 '회상' 모두 7권의 시집을 발간하였다. 또한, 웃음치료사와 행복전도사를 바탕으로 한 자기계발서 '행복통, 희망통, 사랑통'을 발간하여 진정으로 문학을 통한 이웃 사랑 실천에 앞장서고 있다.

세상이 복잡해지고 삶이 힘들어지자 여기저기에서 사람을 위로하고, 상처를 치유해 준다고 나서는 무리 중 대부분은 껍데기와 말 뿐인 나쁜 힐링healing과 자신의 과시와 명예 등을 위한 가짜 멘토Mentor가 판을 치는 현실에서 묵묵히 남의 뒤에 서서 시인이자, 멘토Mentor, 힐링healing 인으로 활동하고 있는 홍미영 시인의 진정으로 세상을 사랑하는 마음을 담은 시는 가슴을 따뜻하게 하고, 웃음을 주는 서정과 순수함을 겸비한 맑은 시로써 시인의 마음이 가득 담겨 진정성을 작품에 담아 누구나 동질과 공감하는 언어로 가득 차 있어 2011년 미당 서정주 시회 문학상을 수상하였으며, 그 이전에 한국한비문학상, 가오문학상, 디디문학상 등을 수상하였다.

홍미영 시인은 현재도 자신의 각성을 위하여 대학원에 다니면서 끊임없이 전진하고 변화하는 이 시대의 아이콘으로 우리 곁에서 즐거움과 행복 그리고 신선한 웃음으로 희망과 용기를 주고 있다.

: 책을 엮으면서

홍미영 시인의 일곱 권의 시집 1,000여 편의 시에서 사랑과 삶의 치유에 관한 시만을 선정하여 이 책을 엮었다.

본 시집의 구성은 홍미영 시인의 각각의 시집 제목을 모두 7개로 분류하여 소제목으로 하였으며, 소제목 안의 시편은 각각의 시집 중에서 필자의 주관적인 선택으로 본 시집의 편집 방향과 일치하는 시를 선별하여 실었다.

각 소제목의 작품 마지막에는 원 시집의 작품해설과 추천사, 축사 등을 함께 실어 홍미영 시인의 시를 더욱 가깝게 감상하고 이해할 수 있도록 도왔다. 목차에도 나오겠지만 해설과 추천사, 축사는 –김원중 시인(한국문협 고문 · 포스텍 명예교수)–하길남(시인 · 문학평론가)–박해수(시인 · 문학평론가)–서정윤(시인)김영태(시인)이 각각의 시집에서 보여준 내용을 별도의 수정 없이 실어놓았다.

: 제1부

미운 오리 그리고 사랑

사랑 때문에 울고 웃고
날마다 사랑을 위해
새롭게 태어난다.

⁝ 제2부

바람의 손을 잡고

바람이 데려다 준 곳에는
그대가 환하게 웃고 있었습니다.

⁝ 제3부

웃음 푸는 여자

가지고 있는 것은 나누어야 빛이 나고
꽃으로 피어난다

: 제4부

행복을 팝니다

내가 더욱 행복해 지는 것은
행복을 나누어 가지는 것입니다.
내가 파는 것은 무료, 무한정입니다.
그것은 행복!

: 제5부

걸어 다니는 꽃

지천으로 웃음과 행복을 팔고 다니는 사람은
모두 걸어 다니는 꽃입니다.
희망 잡이는 주위도 행복하게 만듭니다.

: 제6부

사랑, 슬픈 거짓말

사랑은 나조차도 나를 속이는 거역할 수 없는 영혼의 반응입니다. 눈물을 흘리더라도 깊이 사랑에 빠져보는 것이 뭉클해지는 인생입니다.

: 제7부

회상

지나간 나를 통하여 나의 실체를 깨달아
추구하는 삶의 색깔과 모양을 다시 점검하여
내 삶의 가치를 다시 일으켜 세웁니다.

제1부

미운 오리
그리고
사랑

사랑 때문에

울고 웃고

날마다 사랑을 위해

새롭게 태어난다.

아침의 기도

헛된 욕심을 버리고
스스로를 가벼이 비워
행복을 만끽하는
하루 열게 하소서

숱한 근심에 스스로를
주름지게 말고 모든 것을
이해하는 따뜻한 가슴과
선한 눈동자로 바라보게
하소서

작은 것도 만족하며
사소한 것에도 기쁨을 만들어
많은 이들을 이해하고
사랑하게 하소서

기억의 저편

잊었다 하면 되살아나
하늘거리는 당신은
계절의 여울목에서
오가는 많은 사람들의 모습에서
피어난 꽃들의 미소에서
봄의 아지랑이처럼
그렇게 잊혀지지 않고
바람처럼 왔다 갑니다.

세월은 바람을 가르며
가라가라 하는데 기억 속
문신처럼 새겨진 당신은
이렇게,
영 갈 줄을 모르네요.

미운 오리

자꾸 넘어진다

넘어지고
또 넘어져도 흙탕물에
뒹굴어도
포기할 수 없는
백조의 꿈,

푸드덕 푸드덕
얼마나 숱한 날들
비상하기 위한 고귀한 날갯짓
퍼덕여야 날 수 있을까…

상상의 날개

상큼한 바람 불어와 분홍볼 간질이면
어느새 설레는 맘
하늘에 떠있는 구름 따라
님 계신 곳 달려가
춤추는 요정이 되어보면

그대는 꿈나라 궁전의 왕자 되어
반가운 포옹으로 입맞추며
가녀린 두 손 이끌어 가슴에 안으니
음악에 맞추어 아름다히 춤추는
그대의 요정 되어 두둥실.

마지막 사랑

아침의 마음과
저녁의 마음이 다르고
낮과 밤의 진실이 각각
다르다 해도,
당신에게만은
오직 한마음
온통 진실이고 싶어라.

행복한 배려

당신을 위해서라면
한평생 어설프게 살께요.

당신을 위해서라면
한평생 푼수처럼 살께요.

당신을 위해서라면
넘치지 않는 생각 단순하게 살께요.

그리하여
당신이 나의 허점 기분 좋게
가려줄 수 있는 그늘이 되도록

그리하여
당신이 오로지 나만의 사랑으로
머물 수 있도록.

하나(1+1)

하나 더하기 하나
너와나 나와 너
우리 둘은 하나,

당신의 향기로 인해
전해지는 나의 향기
나의 향기로 인해
전해지는 당신의 향기

당신으로 가득한 나와
나로 가득한 당신은
언제나 하나.

사랑의 속성

모두 외면하여도
돌보고 싶습니다.

모두 안된다고
설레설레 고개 저어도 말입니다.

한번쯤 새로이 일어설 수 있도록
다독여 주고 싶습니다.

왜냐면 왜냐면
사랑하기 때문입니다.

이해

당신 생각이 그러하듯

나의 생각도 사무치게

그러합니다

거짓말

사랑하는 날 중에 가끔은
아주 조그만 질투로 등을
돌려 걷습니다만
그렇다고 당신을 사랑하지
않는 것은 아닙니다.

가난한 가슴에 가득 채워진
당신의 사랑 밖에 내 것이라곤 없는데
당신이 그나마 알아주지 못하실까봐
지레 겁먹고
당신께 투정을 부려봅니다.

하지만,
모두 거짓말입니다.
지금이라도 돌아서라고
지금이라도 떠나시라고
지금이라도 가신다면 붙잡지 않겠노라고.

미안해요…

사랑해서 미안해요.
당신을 너무 많이 사랑해서
제 자신인 듯 착각하고
마음대로 화내고
마음대로 사랑하고
마음대로 뒹굴기도 하고
정말 미안해요.

가끔, 아주 가끔은
당신도 당신인 것을
자꾸 잊어버리고 당신이
제 자신인 줄 착각하는 거 미안해요.

그래도 당신 없인 아무것도 아닌걸요.
그래도 당신 없인 하루도 살 수 없는 걸요.
그래서 당신은 또 다른 나임을 숨길 수가 없는 걸요.
사랑해요.
아주 많이,
영·원·토·록…

주저함에 대하여

시작하고 싶을 때
거침없이 시작하고
끊고 싶을 때 미련없이
끊어야 합니다.

그리워하고 싶을 때
마음 깊숙이 잠자는
그리움 꺼내 마음껏
그리워도 합니다.

누군가 사랑하고 싶을 때
또한 주저 말고 아낌없이
사랑하는 것입니다.

절제의 미학

말을 아낄 때 침묵의 언어
말이 됩니다.

사랑을 아낄 때 깊은 숙성
아름다운 사랑이 됩니다.

슬픔을 아낄 때 흐느끼는
우주의 고통도 느낄 수 있습니다.

〈작품해설〉

화해의 제스처

김영태(시인 · 한비문학 발행인)

우리의 행복과 불행은 우리 앞에 있는 것이 아니라 우리 안에 있다. 행복과 불행, 어느 것이든지 스스로 찾아오지는 않는다. 스스로 만들고 있지만 사람들은 찾아온다고 생각하여 자신의 시간을 낭비하게 된다. 모든 것은 생각과 마음에 달려 있는 관념의 문제로 내가 나를 먼저 만들고, 나에게 솔직하여야 하지만, 대부분의 사람은 자신의 밖을 보고, 자신을 속이고 있다. 자신에게 당당해 지는 것은 자신을 스스로 길들이는 것이다. 그러나 사람들은 모든 것이 밖에서 이루어지고, 자신의 영역 밖에서 이루어져 자신은 그것을 받아들일 수밖에 없다고 여겨, 자신이 만들어 낸 결과를 '탓' 으로 돌려 자신을 속이게 된다.

홍미영 시인의 '미운 오리 그리고 사랑' 은 자신에게 들려주는 솔직한 자신의 고백이자, 성찰이다.

숱한 근심에 스스로를
주름지게 말고 모든 것을
이해하는 따뜻한 가슴과
선한 눈동자로 바라보게
하소서

-아침의 기도 중-

먼저, 자신을 청결하게 하고 타자를 대하겠다는 마음이 스스로 행복의 집을 짓기 위하여 첫 삽을 뜨고 있는 것이다. 이기심과 편협성이 판을 치고, 그것이 정당화되고, 덕목이 되는 세상에 홍미영 시인이 '미운 오리'가 될 수밖에 없는 이유이다.

아침의 마음과
저녁의 마음이 다르고
낮과 밤의 진실이 각각
다르다 해도,
당신에게만은
오직 한마음
온통 진실이고 싶어라.

-마지막 사랑 전문-

미운 오리는 백조가 된다. 백조가 되기 위해서는 평정심을 잃지 말고, 꾸준함을 버리지 말아야 한다. 그 과정이 혹독하고 매몰차도 그것을 견뎌내고 감내해야만 눈부신 깃을 가진 백조가 된다. 그 우아함을 위하여 스스로 채찍을 가하는 마음이 진정한 행복의 주춧돌을 놓는 것이 아니고 무엇이겠는가.

말을 아낄 때 침묵의 언어
말이 됩니다.

사랑을 아낄 때 깊은 숙성
아름다운 사랑이 됩니다.

슬픔을 아낄 때 흐느끼는
우주의 고통도 느낄 수 있습니다.

-절제의 미학 전문-

모든 것이 가벼움에 흔들리고, 그 가벼움이 삶의 표본이 되고 가치 기준이 되어, 작은 날개를 가지고 퍼덕일 때 시인은 우아한 날갯짓을 위하여 참고 또 참는다. 그 참음은 바다보다 넓고 깊은 심연으로, 우주 밖에서 우리를 들여다 보는 경건한 마음이 된다.

홍미영 시인이 추구하는 시의 세계는 분열과 경계를 가지고 스스로 불행의 틀에 갇혀 있는 모두에게 내미는 화해와 사랑의 제

스처다. 내 앞에 놓여 있는 것을 보는 눈을 내 속으로 돌려 나를 발견하여 스스로 자성하고 각성하여 행복을 찾아내는 백조의 날갯짓이다.

모든 고통과 고난이 누군가 밖에서 조종하여 나에게 찾아왔다고 좌절과 실의에 빠진 이들에게 들려주는 고고한 백조의 자태이다.

홍미영 시인의 '미운 오리 그리고 사랑' 은 자신만 아는 곳에 꽁꽁 숨겨 놓은 자신을 찾아내는 해법을 들려주는 백조가 되기 위하여 미운 오리의 마법을 풀어주는 주문이다. 많은 사람이 홍미영 시인의 주술을 따라하여 우아한 백조로 태어나기를 바라는 마음이 이 시집을 일독하기를 권하기에 이른다.

제2부

바람의 손을 잡고

바람이 데려다 준 곳에는

그대가 환하게

웃고 있었습니다.

바람의 손을 잡고

바람의 손에 이끌려
그대 곁으로 걸어갑니다
하늘 지붕 밑
그대 뒷모습 보이면
마음의 편지 띄웁니다
그리움에 키워진 동공
가슴 저린 명치끝 싸한 사랑

제발 뒤돌아보아 달라고
바람이 속삭이는 소리에
그대 뒤돌아 미소 띄우면
참았던 눈물 서러운 눈물바다.

만남의 끝이 이별인 줄
진정 알았을까
사랑의 끝도 헤어짐인 줄
진정 알았을까
그대 아픔이
내 가슴 찢어지는 고통인 줄
알고 있을까

영원히 변치 않겠다는
가슴속의 약속 하나가
이렇게 울고 있으니
사랑은 눈물,
고통의 바다.

구인광고

사람을 찾습니다

당산나무처럼 푸근한 모습
슬플 때나 기쁠 때나 달려가
매달릴 수 있는 그런 사람

사람을 잃어 버렸습니다

헤어진 후
잘 들어갔나 걱정되어
끝까지 걱정해주는 인정미 넘치는
그 사람

사람을 잃어 버렸습니다

외롭고 슬픔에 겨워
때론 절망적인 현실에 데인 가슴
어루만져 주고 낮과 밤을 함께
열던 그 사람

사람을 찾습니다

애틋해서 정에 겨워
더 못 주어서 서로 안달할 수 있는
세상 끝까지 변하지 않는 마음
늘 함께할 수 있는 그런 사람을…….

꽃

사람은 모두
독특한 향기로 걸어다니는
꽃입니다

신선한 바람 불어와
살며시 감긴 눈 두 볼 간질이면
은은한 은초롱꽃 같은
당신이 생각납니다

늘 지친 그리움 속에
살아가는 할미꽃 같은
또 다른 당신도 기억이 납니다

누군가의 마음속에
한 송이 향기로운 꽃으로 피어나
향기 가득 전해주고 싶습니다.

사랑은 문신 되어

해질 녘 황홀한 노을 같은 그대
펄떡이는 심장 중심부에 당신을
소중히 옮겨 놓았습니다

까만 밤하늘 컴컴한 삶의 돌다리
당신과 두 손 잡고 한걸음 한걸음
삐걱거리는 눈물 몸부림치는 고독의
언어를 수놓았지요.

세상은 늘
오고 가는 많은 사람
인연의 시작과 끝 헤아려도
어디가 시작이고
어디가 끝인지 혼란의 여울목

당신과의 알뜰한 속삭임 또한
세월 속에 영원을 기약하며
시야에서 멀어지지만
누구도 탐할 수 없는 마음 깊은 곳
당신을 새겨놓고 영원한 사랑을
속삭입니다

과식

당신이 보고 싶어 어찌할 줄 모를 때
가슴이 텅 비어 그대를 채워넣고 싶을 때
보이는 것은 모두 뱃속에 넣습니다.
초콜릿으로 허한 가슴 달래보다가
블랙커피로 쓰린 상처를 달래봅니다.
가슴에 쓴 물이 꾸역꾸역 차고 올라도
그대를 떨쳐낼 수 없어
매운 떡볶이라도 한 접시 털어 넣어봅니다.
배는 실룩샐룩 부어오르는데
그리움은 더욱 허기증으로 자꾸 불러 옵니다
서러움에 흐르는 눈물을 참으러 눈물 범벅된
주먹을 한입 베어 물어보지만
끝내 엉엉 울음이 터지고 맙니다.

피안의 섬

이 길도
저 길도 아닌
그 길에서 만난다.

통행이 복잡하지 않은
가끔 바람만이 주인이 되어
펄럭이는 공해 없는 순백의 길
그 길에 당신이 있다.

그대가 보이면
어두침침한 어둠이
금빛 찬란한 무지개 동산 되어
행복한 꿈을 꾸는 공주 된다

아무도 모르는 길
누구도 알 수 없는
우리 둘만의 그 길에서
오늘도 사랑의 옷을 입는다.

사랑하기에

어떤 욕망도
어떤 수치심도
어떤 미련도
어떤 구속도
어떤 욕심도
모두 버렸습니다
다만,
다만, 사랑하기에
사랑의 이름으로
그대를 바라볼 뿐입니다.

아…. 어떻합니까

아….
어찌합니까
당신을 이렇게 뼛속 깊숙이 사랑해 버린 난
골똘히 고민하다 온몸이 하얗게 탈색되고
정신이 텅 비어 버릴 것 같습니다

아….
어찌합니까
사랑이 이렇게 뜨거운 줄 알았다면
적당히 설익은 정을 주었을 것을
내 안의 모든 정을 부었더니 이제 남는 것은
훨훨 타는 불 속에 온몸을 태우는 고통뿐입니다

당신은 어떻습니까?

당신을 사랑한 만큼

당신을 생각하고 그리워한 만큼
송이송이 장미꽃이 피어난다면
아마도 세상은 온천지 장미향
가득할 것입니다

당신께로 달려가고 싶어 기도한 만큼
소나무가 자라난다면 하늘 끝닿아
아마 하늘은 소나무 가지에 걸려
낮도 밤도 없이 푸를 것입니다

당신을 보고 싶어 하는 마음만큼
바람이 분다면 세상은 온통 태풍으로
남아나는 게 없을 것입니다

세상 모든 만물 속에 당신이 있습니다
내 마음 밭과 눈에 비치는 모든 것들 속에
당신은 이렇게 잔잔히 흐르고 있습니다
사랑합니다.

봉숭아

숨겨둔 그리움
가슴 가득 품은 연정
오뉴월 햇살이 온몸 가득
그리움의 햇살을 내리비추면
임을 향한 연정

붉그레 진홍빛 낯빛 물들고
그대 한가할 날 기다리며
그대 손톱에 일그러져
물들고 싶어

저무는 여름날
부대끼는 날은 돌아보지 마시고
그대 여유로운 날 한번쯤 돌아봐 주길
울 밑에서 석 달 열흘 밤낮 기다립니다.

꽃잎 물들 듯

꽃잎에 예쁜 색 물들 듯
그대를 사랑하는 마음에
꽃물이 들고 있습니다

하늘의 구름은 높아져
그대의 환한 미소 싣고 떠다니고
내 마음속엔 그대 때문에 예쁜
꽃물이 가득 물들고 있습니다

그대로 인해 가난한 마음일 땐
무명천 위에 붉은 꽃물이 배이고
그대로 인하여 기쁨 가득 부자일 땐
비단에 수놓인 아름다운 장밋빛

그대는 시시때때로 내게
물을 들입니다
사랑이라는 물감으로.

침묵

어제도
오늘도
난,
침묵 속에
그대를 부릅니다

혹여라도
사랑한다 말하면
그대 사라질까
먼저 말을 잊고 맙니다

내일도
난,
침묵 속에
그대를 부를지 모르겠습니다
침묵도 사랑의 언어이기에.

날마다

밥상을 차립니다
그리움의 밥상을
사랑의 밥상을

세월에 녹아 흐르는 고뇌 한시름 덜어주고파
그대를 위한 맛난 따뜻한 정과 사랑의
밥상을

비록 진수성찬은 못되어도
내 가난한 마음에 순수함을 담아서
오직 그대를 위한 정성을 차립니다

오늘도 끊임없이 그대를 위해
기도의 밥상을
행복의 밥상을 차립니다.

자화상

세상에서 가장 불쌍한 사람은
할 일이 없는 사람입니다
세상에서 가장 못생긴 사람은
인상을 쓰는 사람입니다
세상에서 가장 슬픈 사람은
기쁨을 모르는 사람입니다

세상에서 가장 불행한 사람은
사랑을 할 줄 모르는 사람입니다
세상에서 가장 가난한 사람은
베풀 줄 모르는 사람입니다

세상에서 가장 행복한 사람은
많이 사랑하고
언제나 웃는 사람입니다

이렇게 아옹다옹 사는 세상
난 오늘도
세상에서 가장 행복한 사람으로
존재하고 있습니다

〈작품 해설〉

사랑으로 아우르는 삶의 미학

김영태(시인 · 한비문학 발행인)

홍미영 시인의 시는 아름다운 연가풍으로 삶의 시작이자 근원이 되는 사랑을 기초로 하여 더불어 사는 이웃 사랑의 이야기를 시의 구조적인 형식에 구애받지 않고 형이상학의 형식을 취하면서 난해한 언어를 삼가 구체적인 사실과 사랑의 사고를 자유롭게 취함으로써 시인의 삶의 정신과 철학을 순수하게 보여주고 있다.

사랑은 관용과 포용을 근본으로 인간을 자아갱신과 정신의 통찰에 이르게 하는 삶의 근본이자 기초가 되는 것으로 홍미영 시인의 작품은 이러한 정서를 시적 성향으로 갈무리하여 메타피지컬리즘을 지향하는 감각과 사고를 하나로 통합하여 사랑의 미학을 표상하고 있다.

홍미영 시인의 시는 잘 다듬어진 기교보다는 순수한 감성을 바탕으로 하여 읽혀지면서 느껴지는 시풍으로 생각보다는 감정을 위에 두고 느낌으로 작가와의 교류가 이루어져 독자의 가슴에 시원한 바람에 묻혀오는 향기를 느낄 수 있어 빠르게 변하고 복잡하게 돌아가는 현실에서 편안한 휴식에 빠질 수 있다.

사랑에 무슨 수식어가 필요하고 거대 담론이 필요하겠는가 결국, 사랑은 가슴으로 받아들이고 마음으로 느끼는 것으로 형상화에 있어 복잡하고 무거움보다는 무기교가 기교가 되는 가벼움이 더욱 절실하게 받아들여져 홍미영 시인의 작품은 단출하지만 느낌이 가득한 즐거움을 느낄 수 있어 사랑을 미처 깨닫지 못한 독자에게는 사랑의 지침서로 사랑에 상처받은 독자에게는 치료제로 사랑받는 시집이 될 것이라 생각한다.

사람을 찾습니다

당산나무처럼 푸근한 모습
슬플 때나 기쁠 때나 달려가
매달릴 수 있는 그런 사람

…중략…

사람을 잃어 버렸습니다

외롭고 슬픔에 겨워
때론 절망적인 현실에 데인 가슴
어루만져 주고 낮과 밤을 함께
열던 그 사람

사람을 찾습니다

애틋해서 정에 겨워
더 못 주어서 서로 안달할 수 있는
세상 끝까지 변하지 않는 마음
늘 함께할 수 있는 그런 사람을…….

〈구인 광고〉 전문

시인은 현실이 물질주의로 흘러가 사랑도 물욕과 명예욕의 일직선상에 놓여 자신의 영달을 위한 하나의 수단으로 변질하여 버려 힘겨운 삶의 여정에서 서로에게 버팀목이 되는 진정한 사랑을 갈구하며 변질하여 가는 현실의 사랑에 각성과 안타까움을 표현하며 놓아, 우리가 진정으로 바라고 기대하는 마음을 "구인 광고"에서 대변 해 주고 있으며 되짚어 본다면 스스로 먼저 그러한 마음을 가지고 상대를 대하여 아름답고 행복한 인관 관계를 가지자는 메시지를 주고 있다.

한치의 틈도 없이
사랑을 담았다가 주체치 못한
가슴이 화상을 입는다.

발끝부터 차고 올라오는 화기가
명치끝에 다다를 즈음
그대는 약도 없는 아픔 되어
비명 초자 지를 수 없는 고통이 된다.

이럴 줄 알았으면
차라리,
이렇게 가까이 당신을 담지 말고
거리를 두고 그냥 바라만 볼 것을
돌이킬 수 없이 이렇게
깊은 곳에 당신을 심고 말았네….

〈사랑의 업〉 전문

사람의 마음 중에 가장 보편적이고 진실하게 담겨 있는 것은 사랑이 될 것이다. 사랑을 시작하게 되면 기쁨과 환희 못지않게 슬픔이 일게 마련으로 누구나 처음에는 그 사랑이 세상의 어떤 것보다 크게 느껴져 모든 것을 상대에게 주게 되지만 시간이 지나 상대에게 습관이 생기기 시작하면 변질되기 쉬운 것이 또한 사랑이라 시인의 절실한 언어를 통하여 사랑의 존재가 주는 애틋

한 마음에 관통당하여 사랑이 기쁨과 슬픔을 동반한다는 평범하지만 들어내 놓기 꺼리는 마음을 표현해 놓고 있다.

왜 당신에게는 되지 않은 걸까요?
세상사람들을 향한 웃음 상냥함
그리고 삶을 초월한 이해심

왜 당신에게만은 너그럽지 못할까요?
혹여 잠시 짬나는 시간 되면
그대 저를 잊으실까 노심초사
일이 있어 저를 만날 수 없다 하시는 날은
왜 이리 심술이 일어나는지
난 참 바보 같은 이기주의자입니다.

당신이 저만 바라봤으면
당신이 저만 생각하고 사랑했으면
간절히 바라고 또 바라는 전
참 나쁘거나 바보입니다.

〈이기적인 사랑〉 부분

사랑에 빠지면 누구나 이기적이 되기 십상이지만 사람들은 이것을 마음속에 가두고 상대를 위하거나 배려하는 것이 먼저인 것 같은 행동을 하게 되거나 생각을 말하게 되지만 실상은 상대가 자신이 주는 사랑보다 더 큰 사랑을 주길 바라거나 자신만을 바라보기를 바라는 것이 사랑의 속성이지만 쉽게 밝히지 못하고 혼자 앓기 마련이지만 시인은 "참 나쁘거나 바보입니다."로 이것을 표현하면서 상대가 부담을 느끼지 않고 자신의 마음에 귀를 기울이게 하며 이기적인 사랑이 사실은 상대에게 얼마나 큰마음을 주고 있는지를 보여주고 있다.

바람의 손에 이끌려
그대 곁으로 걸어갑니다
하늘 지붕 밑
그대 뒷모습 보이면
마음의 편지 띄웁니다
그리움에 키워진 동공
가슴 저린 명치끝 싸한 사랑
제발 뒤돌아 보아 달라고
바람이 속삭이는 소리에
그대 뒤돌아 미소 띄우면
참았던 눈물 서러운 눈물바다.

만남의 끝이 이별인 줄
진정 알았을까
사랑의 끝도 해어짐인 줄
진정 알았을까

그대 아픔이
내 가슴 찢어지는 고통인 줄
알고 있을까
영원히 변치 않겠다는
가슴속의 약속 하나가
이렇게 울고 있으니
사랑은 눈물,
고통의 바다.

〈바람의 손을 잡고〉 전문

사랑은 존재 자체로서 의미가 있거나 그냥 가져다주는 것이 아니라 스스로 정성과 노력을 기울여 만들어 가고 가꾸어야만 이룰 수 있는 것으로 시인은 각인된 사랑이 지울 수 없는 존재로 남아 기나긴 삶의 여정에 흔적으로 모든 것을 사랑을 통하여 실현하고 싶었던 절실한 마음을 간곡하게 표현해 놓고 있다.

사랑도 삶과 같아서 우리의 삶은 바라는 대로 이루어지기 쉽지 않고 이루어지지 않은 바람도 지워지지 않고 기억으로 남아 언젠가는 이라는 막연한 기대감으로 아쉬움과 회한으로 마음은 늘 서성대고 있다는 것을 비단 사랑뿐만 아니라 우리의 총체적인 삶의 기대와 실망에 대한 마음으로 말하고 있다.

밥상을 차립니다
그리움의 밥상을
사랑의 밥상을

세월에 녹아 흐르는 고뇌 한시름 덜어주고파
그대를 위한 맛난 따뜻한 정과 사랑의
밥상을

비록 진수성찬은 못되어도
내 가난한 마음에 순수함을 담아서
오직 그대를 위한 정성을 차립니다

오늘도 끊임없이 그대를 위해
기도의 밥상을
행복의 밥상을 차립니다.

〈날마다〉전문

사랑의 본질은 상대에게 마음을 주는 것이지만 따지고 보면 그것은 상대에게 따뜻한 자신의 혼을 불어 넣는 것으로 모든 것을 주고 주어도 부족한 마음이 드는 것은 자신의 존재를 상대에게 완전히 합치시키고자 하는 일련의 행위로서 시인은 "날마다"에서 이러한 사랑의 본질적인 요소를 간파하며 현실에서 점점 변질하여가고 있는 사랑의 진정한 태도와 의미를 일깨워주며 인간사가 시작한 이래로 끊임없이 쏟아져 나온 수많은 연시의 가식적인 감정의 표현과 기교적인 표현을 탈피하여 사랑에 속하여 있는 마음을 어떠한 것으로도 채색하지 않고 바람 따라 일렁이는 파도의 숨결처럼 표현하여 순수한 사랑의 감정을 통하여 시대의 사랑을 통찰하고 있어 물질주의와 배금주의에 물들어 사랑의 본질이 퇴색되고 변질되어 각박해져 가는 현실에 사랑의 지침서로 사랑의 치료제로 많은 독자에게 권해 주고 싶다.

제3부

웃음 푸는 여자

가지고 있는 것은
나누어야 빛이 나고
꽃으로 피어난다

웃음 푸는 여자

고층 아파트 20층까지 오르려면
엘리베이터 설치된 1층 참새방앗간을 거친다.

1층 집엔 이 아파트의 가장 행복한 참새들의
보금자리인 것 같다.

아침 출근시간 1층 사내와 나는 같은 시간대에
출근을 한다.

1층 엘리베이터를 내리려는 순간 엘리베이터 문틈으로
애교 섞인 참새방앗간의 마눌 소리가 들린다.
"여보~ 알라뷰!~화이팅!!!~"

아~
시큰둥 내가 출근을 하는지 모르는지
뻣뻣한 울마누라 참새보다 얼마나 이쁜 마누라 참새인가.
부럽다.

버팀목

달빛 투명하게 비추는 오솔길을
바람 따라 걸어가
그대 처마 밑 살짝이 숨죽여
사랑의 그리움 가슴에 담아
돌아오는 길은 고요한 안식이
단잠을 쏟아낸다.

삶의 징검다리 같은 그대
언제나 그대를 짚지 않고서는
힘 있게 걸을 수 없는 절름발이
그래서 그대는 든든한 버팀목이
되어있다.

투박한 삶의 질곡에도
언제나 풋풋한 사랑의 행진
그대가 있어서 영혼의 날개를 달고
거침없이 뛰어오른다…

벚꽃

수줍은 연분홍 웃음
깔깔 되며
속절없이 낙화하는 벚꽃
비가 되어 날리면
꽃잎을 보낸 벚나무의
부끄러운 붉은 속살에
연녹색 저고리 한 소절
화끈히 피어났다 져버린
벚꽃의 추억에
내 사랑 꽃잎 되어
차곡차곡
쌓이고 있다.

꽃처럼

한 송이 예쁜 꽃처럼
여러 날 열정으로
화사하게 피어올라
예쁜 꽃잎 곱게 낙화하듯
향기로운 모습으로 지고 싶다.

한 송이 예쁜 꽃처럼
바람의 불규칙한 울렁임
나무라지 않고
하늘의 울그락불그락
변덕스런 얼굴에도
늘 향기를 지워 없애지 않고
의연한 아름다움 지켜가듯
세상 풍파 두려워 않고 갈 길을
꿋꿋이 가고 싶다.

한 송이 꽃의 모습으로
쓰레기더미 속에서도 피어나는
민들레, 장미, 팬지 꽃….
장소를 가리지 않고 진실의 향기
꽃으로 살고 싶다.

감자의 사랑

안주인의 눈에서 빗겨
싱크대 안 홀로 외떨어져
생명을 근근이 버티던 감자 하나

얼마나 새끼에 대한 끝없는 애정으로
제 한몸 시들면서
조롱조롱 잉태시킨 아기 감자

하나, 둘, 셋….
세어보니 열하나
식물조차 자신의 육신을 던져
새끼들을 위한 수혈로 사랑을 보이는데

아~
인간인 난,
어떤 사랑의 실천에 이정표를 세울까

가난한 시간

지독한 외로움이다
수시로 핸드폰을 열었다 닫았다
왜 그리운 이름 먼저 클릭은 할 수 없나
누가 찾지 않았을까
누가 그리워하지 않았을까
바쁜 일상에도
마음은 굶주린 사냥꾼 같으니
네가 날 찾지 않으니
그리움에 목멘 나의 존재 또한
별것 아님을 지레짐작 고독의 수렁에
몸을 맡긴다
열린 문조차 스스로 나갈 수 없는
저능아가 되어 있는 시간이 운다

인생

못을 박았다
못을 빼내고
집을 지었다
집을 부수고

꽃은 화사하게 피어났다
꽃은 초라하게 지고

너나 나나
모두 부질없는 사연에
속내 태우고
안절부절….

발걸음

반듯한 어깨너비 십 일자 걸음
그도 아니면 밖으로 약간 팔자걸음
하늘 보며 나무와 꽃들과 속삭이며
여유를 부리며 앞, 옆, 뒤를 보며
걷고 싶은데
머릿속은 온통 번민의 하루 걱정
자꾸 안으로 오리걸음이
튀어나온다
자신 없는 세상을 향하여
서툰 안짱다리 모양새
가슴은 앞을 보지 못하고
안으로 움츠러들어
서러운 삶들이 주눅이 든다
오늘은 제대로 걷는 나를 보고 싶다

원피스

아낙의 꿈이 하이얀 허벅지 위
아슬아슬 걸려서 춤을 춘다
오색나비의 춤이
예쁜 리본의 춤사위가
어느 유명배우의 예쁜 눈망울과 얼굴이

여름은 아낙의 몸풀이 계절
맘껏 감추었던 속살들의 유희가 벌어지고
비키니 섬에 정착하려는 카멜레온들의
유혹이 시작된다

보일 듯 말듯
넘어질 듯 말듯
보여줄 듯 말듯
그렇게 아슬아슬 원피스는
깊어가는 여름과 함께 거리를 춤춘다

우산을 갖고 퇴근하는데

후두두 이제 막
비가 내리기 시작하고
준비한 우산을 쓴다

우산을 쓰지 않은 사람들
한쪽은 멋쟁이 사내가 비를 맞으며
우산 쓴 내가 부러운 듯 쳐다보고
다른 한쪽 삶에 찌든 평범한 모습의
중년의 사내가 물끄러미 건너편을 보며
무표정한 얼굴로 신호를 기다린다

누군가 함께 씌워주고 싶은데
누굴 받쳐줄까?
엇갈린 감정은 멋쟁이 사내와 평범한 사내
둘 사이에서 갈등을 일으키고
더디게 움직이던 신호가 바뀌고
아무도 씌워주지 못하고
그냥 횡단보도를 건넌다.

도시의 요정

늘 새로운 변신
예쁜 도시의 요정으로 살고 싶다

알록달록 아름다운 꿈 나래
씨줄 날줄 희망과 사랑만 쭉쭉
엮어서 걷고 싶다

톡톡 터지는 그리움의 교차로 가을에
선홍색 그리움 띄워 보내며
가을빛에 물들고 싶다

도시의 보도블록 위 사뿐 거리는 나비걸음
그리운 님 가슴 가득 안고
한들거리는 코스모스 청아한 빛을 담고
한 송이 꽃 되어 노래부르는 요정 되어 날고 싶다

〈작품 해설〉

삶 속에서 찾아내는 아름다운 웃음의 시학

김영태(시인 · 한비문학 발행인)

홍미영 시인은 시인으로 등단하기 전 제1시집 "미운 오리 그리고 사랑"을 발표하여 시에 대한 열정과 사랑을 나타낸 바 있으며 제2시집 "바람의 손을 잡고"를 발간한 지 얼마 지나지 않아 이번 제3시집 "웃음 푸는 여자"를 준비하면서 습작한 작품을 선정하면서 보여 준 보관 중인 몇천 편의 작품을 대하면서 끝없는 시심과 꾸준한 공부에 경탄을 금할 수 없었다.

이렇듯 많은 습작을 하고 있는 시인의 삶은 곧 문학을 기초로 하여 흔히 범하기 쉬운 자신의 일상적인 이야기나, 자신이 처한 환경에 대한 탄식이나 위무가 아니라 넓고 깊은 시안과 생각을 가지고 소외되고 흘러가는 것들에 대한 위로와 격려를 하고 있어 시인의 작품을 대하면 맑은 햇살과 부드러운 바람에 뽀얀 속살을 말리고 있는 하얀 빨래를 보는 것 같이 눅눅하던 마음이 뽀송뽀송해지고 어두웠던 마음이 환하게 밝아지는 것을 느낄 수 있다.

시는 작가의 정신세계나 가치관을 독자와의 교감을 통하여 호환을 하거나 공명을 하여야 좋은 시로 볼 수 있는 조건이 되지만 요즘 난해한 언어의 유희와 기교를 가지고 보편적인 감성을 이해할 수 없는 요설로 독자를 기만하고 얕잡아 보는 듯한 작품이 득세하는 시 풍토에 어떠한 기교도 없이 작품을 탄생시키는 것은 어떤 관점으로 보면 구태의연하거나 안일한 창작 태도라 비판을 받을 수 있지만 작품 속에 작가의 진정성을 내포하고 있다면 읽기 쉽다는 것이 더 많은 사람과의 공감을 이끌어 낼 수 있고 작가의 살아있는 생각과 감정이 순수하게 받아들여질 수 있어 시의 학문적인 가치나 문학적인 평가보다 우선하여 시가 가지는 책무를 다한 것이라 난해한 요설을 앞세운 시보다 더욱 높이 평가하여도 무방하리라 본다.

시를 시인 혼자만의 취미나 기호품으로 생각하거나 자신의 작품이 최고라는 우월감에 빠져 심안에 비치는 아름다운 대상을 독자의 마음에 호환을 일으키지 못하고 평가받기 위하여, 보여주기 위하여, 뽐내기 위하여 가장 원초적인 분출을 통한 교감을 무시하여 기본적인 것을 무시하고 창작을 하다 보면 문학적인 가치로는 좋은 평가를 받아도 대중성에 있어서는 기교와 요설이 난무하여 실패하여 버리고 자신만을 위한 시가 되어버리기 십상이지만 홍미영 시인의 시들을 접하면 보편적으로 하는 생각이나 느낌은 통속적이 구태 하다 하여 무시해 버리는 것들을 시인만의 언어를 가지고 잘 갈무리하여 언젠가 한번은 느껴본 듯한 감정과 느낌이 진솔하게 다가와 평범함 속에서 비범함을 건져내는 시인만의 독특한 작법으로 이루어져 회색의 먼지가 날리는 도시에서 홍미영 시인의 시집을 만나는 독자는 여유와 웃음을 되찾을 수 있어 많은 독자에게 사랑받는 시집이 될 것이라 생각된다.

두 날개 웅크리며 가슴 조이든 하든
추위는 어디로 떠나려는지
떠나는 때를 아는 미운 놈
뒷모습도 서운하기는 매 한가지

봄이 오는 길목은
언제나 일렁이는 청춘의 입구
꽃 그네 타고 노닐던 어린 동심의 동산
가만히 있어도
바람은 가슴으로 파고들어
희망으로 부풀게 한다

봄을 기다릴 줄 모르는 사람은 여전히 춥지만
겨울을 꿋꿋이 견딜 줄 아는 사람에게
봄은 희망과 꿈 살아있음의 확인으로
알기에 봄을 기다리는 여심은 언제나 설렌다.

〈바람의 유혹〉 부분

현실이 아무리 고달프고 힘겨워도 견뎌 나가는 것은 앞으로 다가올 미래에 대한 희망을 잃어버리지 않고 있기 때문으로 앞날에 대한 기대가 없다면 우리는 현실의 삶에 부족한 부분을 이겨내지 못하고 실망과 회의 속에 허튼 삶을 살게 되는 것으로 홍미영 시인은 "바람의 유혹"에서 계절의 변화를 묘사하지만 실상은 자연의 법칙이 삶에 가져다주는 이치를 일깨워 준다는 것으로 자연 속에 삶의 의의와 의미가 있음을 발견하게 해 주고 있다.

더러는 일정한 질서로
더러는 흔들리다 뒤죽박죽
때와 장소를 가리지 않고
바람은 공간만 허락되는 곳이면
가리지 않고 초대고객이 되었다가
때론 불청객이 되어 쫓겨났다가
종잡을 수 없었다.

…중략…

가장 중요한 것은 바람 따라
떠돌 수 없는 현실을 사랑하며

마음을 고정시키는 것이다.

〈바람 정리〉 부분

사람은 살아가면서 많은 일을 겪게 되고 경험하게 된다. 자신이 속한 시간 속에서 겪어야 하는 것은 여러 가지 형태로 찾아와 어떤 때는 자의적으로 어떤 때는 타의 적으로 이끌려 가게 되지만 자의적이 아닌 것에 대하여서는 자신의 의지와 관념이 중요한 것으로 온갖 유혹에 굴하지 않고 소신대로 살아가야 하는 것이 우리의 진정한 삶의 가치가 되는 것으로 시인은 자연과 삶을 시의 요소로 끌어들여 삶의 의의를 발견하게 되고, 삶의 진실이 무엇인가를 깨닫게 해 주고 있다.

1층 엘리베이터를 내리려는 순간 엘리베이터 문틈으로
애교 섞인 참새방앗간의 마눌 소리가 들린다.
"여보~ 알라뷰!~화이팅!!!~"

아~
시큰둥 내가 출근을 하는지 모르는지
뻣뻣한 울마누라 참새보다 얼마나 이쁜 마누라 참새인가.
부럽다.

〈웃음 푸는 여자〉 부분

이른 아침 바쁘게 출근하는 길에 우연히 듣게 된 이웃집의 정겨운 출근 인사를 듣게 된다면 누구나 타인의 행복으로 가슴이 따뜻해지고, 흐뭇해 지지만 이러한 상황을 느낌 그대로 표현하고 정리한다면 작가가 전하려는 의도나 느낌은 그저 그런 다반사의 일로 끝을 맺게 되겠지만 시인은 그것을 부러워하는 것으로 일련의 상황에 작가의 감정에 대비를 하여 부러움이 가져다주는 마지막 여운으로 반전을 하여 글의 맛을 살리면서 순수한 인간의 깊은 내면을 표현해 놓아 일상 속에서 비범함을 건져내는 빛나는 시안을 보여주고 있다.

사람은 모두 걸어다니는 꽃이다
모세혈관에 장미보다 진한
붉디붉은 꽃들을 가득 안고
향기를 뿜는다.

사람들의 가슴엔 붉디 붉은
사랑의 언어가 때를 맞추어
출렁인다
한 송이 꽃으로 누군가 다가와
향기만 낭자하게 뿌린 채
어딘가로 멀어져 가지만
일랑일랑 아름다운 향으로
나 또한 한 송이 꽃으로 살고 있다.

〈사람〉 전문

이 시는 홍미영 시인의 시의 정신세계와 삶의 철학을 보여주는 시로 생각이 된다. 시의 근본적인 요소가 되는 시는 아름다워야 한다는 명제를 잘 보여주고 있다.

모든 사람을 꽃으로 형상화한다는 것은 시인의 마음 역시 그렇게 아름답고 향기롭다는 것으로 긍정적인 생각과 호의적인 마음이 없다면 나를 비롯한 모든 사람을 꽃으로 보며 아름다움을 전파하고 향기를 뿌린다는 시상을 가질 수 없는 것으로 인간의 생활 세계에서 기본적으로 가져야 할 존재의 해석을 명쾌하게 보여주며 인간이 자연을 동경하며 최후의 귀착지로 여기는 마음을 해석해 주고 있다.

꼼장어, 막창집 화덕에
밤을 위한 축제 스테미너의 대명사
꼼장어를 굽는다
소주 한 병에 시름을 달래는 그대 그리고 나
둘 사이 애잔한 그간의 시름이 오가고
참숯 넣은 불판에 꼼장어가 춤추면
육종 토종마늘은 하얀 알몸으로 박자 맞추고
그대와 나 주고받는 술잔에는
우리들의 지난 추억이 쏟아지고
꿈이 녹아 흐르고
가야할 미래와 현실이 도런도런
어울려 고단한 춤사위가 벌어진다
한잔, 두잔, 석 잔 그리고 다시 반잔

알맞게 볼그스레한 볼
그렇게 또 하루가 지워지고 있다.

〈곰장어 막창집에서〉 전문

문학이 살아 있기 위해서는 문학의 가능성에 모든 문을 열어 놓고 생활의 해석을 통하여 존재 속에서 일어나는 모든 일을 새롭게 들려주는 것으로 서투른 문체의 표현이나 기교라 할지라도 생생한 삶의 현장을 보여주거나 인간의 원초적인 바탕을 일깨워 생활의 새로움을 들려준다면 살아있는 문학으로 서가에 꽂혀 있을 다듬어 정형화된 문학보다는 생동감이 있고 살아있는 문학으로 홍미영 시인의 "꼼장어 막창집에서"는 생활 속의 시를 가감없이 표현하여 읽어면서 가슴에 와 닿는 직관과 직설로 시원한 한 잔의 물을 들이켠 듯 시와 독자의 관계를 끈끈한 동일성으로 묶어 놓고 있다.

날마다 하루가 열리면
똥 꿈을 꾼다
똥의 철학
밑바닥 진솔한 삶

똥을 이해 못 하고
밥의 의미를 알 수 있을까

고독을 모르면서
함께하는
행복의 깊이를 알 수 있을까

〈똥 꿈꾸는 여자〉 부분

예전에는 시어로 탐탁지 않게 여기던 똥이 요즘은 시에도 자유의 바람이 불어 자주 접하게 되는 것 같다. 어쩌면 이것은 인간의 가장 근본적인 욕구가 되는 것을 빌미로 그 속에 감추어진 배설의 과정을 거슬러 동기를 유발시키는 원인을 밝혀내어 근원적인 삶의 기초에 수반하는 유기체의 속성에 묻혀 있는 또 다른 자아의 발견을 통한 형성을 바라는 것으로 여겨지기도 한다.

스스로 품고 배출하는 것을 터부시하는 것은 일반적인 상태 의식의 발로로 이것을 깨트려 색다른 목소리로 승화시킬 수 있는 것이 시인의 시이고 보면 홍미영 시인은 생활 속에 시의 낚싯대를 드리우고 천한 것을 거두어 귀한 것으로 만들어 내는 시의 미학을 깨닫고 있는 듯하다.

예쁜 매듭
좋은 매듭일랑은 간직하고
좋지 않은
서걱이며 삐걱거리는 매듭은
풀고 가야지…

더러,
오물 같은 분노에
일그러진 자화상
독불장군은 외로워
사연 많은 가지 위에
너그러움의 열매만 맺히도록.

〈매듭〉 전문

홍미명 시인의 생활 철학과 작품 정신은 인간에 대한 기쁨과 사랑으로 대변하여 모든 작품의 성향이 이해와 양보로 가득하여 보는 이의 가슴을 따뜻하고 흐뭇하게 만들어 세상을 아름답고 행복한 시선으로 바라볼 수 있게 만들고 있다.

오랫동안 내려온 시의 작법을 답습하지 않고 유유히 흐르는 물결처럼 우리의 생활 속에서 인간사 얽히고 설킨 이야기를 현실적 가치의 추구가 아니라 직관을 통하여 존재 이유의 당위성과 시의 본질적인 의미를 지향하고 있어 관용과 배려를 통한 메시지가 생활 속에 있음을 보여주고 있다.

늘 새로운 변신
예쁜 도시의 요정으로 살고 싶다

알록달록 아름다운 꿈 나래
씨줄 날줄 희망과 사랑만 쭉쭉
엮어서 걷고 싶다

톡톡 터지는 그리움의 교차로 가을에
선홍색 그리움 띄워 보내며
가을빛에 물들고 싶다

도시의 보도블록 위 사뿐 거리는 나비걸음
그리운 님 가슴 가득 안고
한들거리는 코스모스 청아한 빛을 담고
한 송이 꽃 되어 노래부르는 요정 되어 날고 싶다.

〈도시의 요정〉 전문

어쩌면 시인은 벌써 요정인지도 모를 일이다.

삶의 중심에 시를 가져다 놓고 모든 것을 사랑과 이해의 눈으로 보고 가슴으로 껴안으며 세파에 시달려 지치고 힘든 사람들의 이야기를 속 시원하게 들려주며 그 속에 행복을 찾고 즐거움을 찾는 방법을 제시하고 있어 행복의 전도사로 웃음의 전도사로 시인이라는 날개를 단 요정이 되어 시인의 언어의 숨결이 생명을 불어 넣는 생생한 호흡으로 시인의 의식이 행복의 세포를 구성하는 조직으로 세상에 전파되어 삶의 청량제로 독자의 곁에서 독특한 개성으로 시를 읽는 기쁨과 즐거움을 주는 시의 날갯짓을 쉬지 않고 해 주길 바라본다.

제4부

행복을 팝니다

내가 더욱 행복해 지는 것은

행복을 나누어 가지는 것입니다.

내가 파는 것은 무료, 무한정입니다.

그것은 행복!

행복을 팝니다

하하하
반갑습니다

입가에 힘을 주고
많이 웃으세요
대박이 터져요

실망하지 마세요
곧,
좋은 일이 닥칠 테니까요

꿈을 위해서
지치지도 말고
넘어져도 얼른 일어나세요

매순간이
노다지를 캔다는 마음으로
정성을 기울이세요

오늘은

꼭,

좋은 일이 생길 거예요

행복한 하루 되세요~

이유는 있겠지만

모든 것을 버릴 때
사랑은 완성이 되는 것인가
하나도 버릴 수 없어
사랑 곁에 머물 수 없는 것인가

모든 것을 버리고
너에게 가고 싶다

그러나 어느 하나
네 곁에 가고 싶은 의지대로
되는 게 없어
감정의 유희만 즐기는 걸까
이렇게
흔들리며 표류하고 있으니….

유리잔

붉은 와인잔에 흔들리는 열정
그대 몸속을 타고 흐르는
수액이, 혈액이 되고 싶어 이렇게
무시로 출렁거립니다

여자란
평생이 사춘기 소녀,
하늘거리는 여린 꽃잎,
낙엽 한 잎 떨어짐에도
서러운 눈동자 아픈 손짓 하나에도
가슴이 저립니다

한 송이 그대의 붉은 꽃
와인 빛 어여쁜 글라스
금이 가지 않도록
이가 빠지지 않도록
그대 곁에 있을 때 소중히 다뤄주세요.

구인광고

내게도 이런 한 사람 있었으면……

의기소침하여 외로움에 휩싸여 있을 때
다정스럽게 다가와
"나 있잖아 힘내!" 하면서 함빡 웃음 전해주는
따뜻한 영혼을 가진 사람

어딘가 떠나고 싶을 때 조건 없이 따라와
팔짱 끼고 동행해 주는 그런 사람

시장 뷔페라도 기꺼이 즐거워하며
어묵 한 꼬지 떡볶이 한 쟁반에 웃어가며
시시콜콜 일상을 주고받을 수 있는 사람

고독에 몸부림칠 때
"삶이란 다 고독한 거야. 그래도 내가 있잖아!
아자! 파이팅!~" 외쳐줄 수 있는 그런 사람

내게도 이런 한 사람 있었으면 좋겠습니다.

사랑한다면

어제 죽을죄를 지었어도
다그치지 말자
방금 싸웠어도 시시비비
가리지를 말자
만남이 행복한 거
함께 있음이 사랑 아닌가

마음으로 기도하는 거
속내를 굳이 들추지 않아도
눈빛만으로도 서로 아는 거

사랑한다면
모두 덮는 것이다
따뜻한 오리털 담요를 덮듯이
밍크코트를 걸치듯
온기만 우러나오도록
말없이
서로 이해하고 안아 주는 것

사랑하는 임

사랑하는 임이라 부를 수 있게
해 주어 고마워요
하늘 바라보며 그대를 그릴 수 있게
해 주어 정말 고마워요
세상 번잡함 속에 고요한 그리움
당신이 있어서 정말 좋아요
사랑도 단어라서 가끔은
좋아한다고 소리를 내어 외치고 싶지만
사랑은 말로 표현하면 날아갈 것 같아
가슴으로만 침묵한 채
늘 그대를 향하여 무시로 띄워 보내는
가슴 속 편지
그대 받아 주심 감사해요….

사랑은 갓바위

그대 팔공산 갓바위
난 팔공산 각시바위
세월의 인연 갓을 쓰고서
그대 사모하네

한세월 두 세월 흐르고 흘러
무심한 구름이 흘러가듯
세월은 변하고 또 변하겠지만

그대 주신 굳은 언약
내 마음속 사모함으로
갓을 쓰고서

이젠 흔들리지 않는 영원한 사랑
그대로 나의 심장은 굳어졌다네

바람의 이야기

바람이 사무치게 그리던 임의 곁으로
떠날 채비를 한다
나무마다 붙어 있는 나뭇잎 중
어느 나뭇잎을 따서 신고 갈까나
고심에 고심을 짓던 바람이
은행나무를 흔들다
상수리나무도 흔들고
미루나무도 흔든다
바람이 신고 갈 나뭇잎 신을 아직도
맞추지를 못했는지
이 나무 저 나무 바람은 심술궂게 흔든다.

멍에

해맑은 웃음
오라 하지 않아도 다가와서
꽃피워 놓고
당신은 그냥 가시면 그만이지만
남아 있는 나는 숨을 쉬어도
쉬는 것이 아닙니다.

내 안의 당신

세상의 무수한 사람 중
오직 한 사람을 심중에
품습니다

인생의 많은 것 중
단 하나 선택하라면
당신을 선택하겠습니다

세상의 숱한 언어들 중
하나를 택하라면 당신께 드릴
사랑을 택하겠습니다

그러나
많은 말을 대신 하여
고요한 침묵 속
오직 그대만을 생각하며
오늘도 즐겁게 살아갑니다

줄

튼실한 동아줄 있다면
당신과 나 사이 묶고 싶습니다

당신과 나 서로 끊어지지 않는
끈이 있다면 꽁꽁 묶어서
함께 있고 싶습니다

이렇게 줄과 끈으로
보이거나 보이지 않거나
당신과 영원토록 함께하고 싶습니다
사랑이란 끈으로

사랑의 언약

햇살 눈에 부신 날
당신은 상큼한 미소
따뜻한 마음으로
햇살 속에 미소를 짓습니다

당신을 만난 세상
더는 욕심 없는데
무엇을 더 욕심내겠습니다

힘든 세월
고뇌로 물든 시간
당신을 만남으로
환한 미소 속
함께할 수 있는 기쁨으로
물드니 더 큰 행복 있을까요

내 삶의 달콤함
내 삶의 의미
내 삶의 희망인 당신입니다

연리지

두 몸이 하나가 됩니다.
두 영혼이 한 영혼이 됩니다.
세상에 각자 태어나
얼마나 하늘의 짝을 찾아
헤맸는지 퉁퉁 부은 육신을
안고 뒹굽니다.
그래도 행복에 겨워
서로 눈물 자국을 씻어주고
서로 어깨에 손을 얹고
어둠의 시간도
태양이 쏟아지는 시간도
둘이는 좋아서
어찌할 줄을 모릅니다.

4월

새색시 꽃 가슴 황홀한
봄날은 가는가.

매혹의 자태 백목련
만개한 아름다움
아슬 흔들리는 바람에
저고리 한 잎
치마 한 잎씩 벗어 던지고
활짝 피어난 연분홍 벚꽃은
꽃비가 되어 흩날린다.

4월이 걷고 있다
마음 가득
튤립, 목련, 개나리, 진달래
꽃을 한 아름 품고

봄 속을 유영하면
만년 사춘기 소녀 아낙의
하늘거리는 치마가
햇살 고운 날 춤을 추고 있다

힘내세요. 좋은 일이 생길 거예요

낙심했나요?
힘이 빠졌나요?
조금만 참아보세요

곧,
달라지고
좋은 일이 생길 거예요

기분 따라
죽고 사는 삶
많이 웃고 힘을 내면
정말 좋은 일이 생겨요...

〈작품 해설〉

웃음의 미학과 행복의 철학 -홍미영의 시 세계

박곤걸(시인 · 한국문협 부이사장)

행복을 팝니다. 행복의 품목은 순금이다. 행복은 정신으로 창조한 제품 중에서 가장 진품이다. 우리의 내면에 비장한 광산은 무진장의 매장량을 가진 상상력의 광맥이 있다. 이 꿈의 광산을 채굴하는 광부는 행복하다.

시가 악세서리가 아니다. 시를 생산하는 시인은 행복을 인류의 광장에다 내어다 판다. 인류의 축복을 위해 시인은 이 광장에서 상설부대를 꾸미고 축제를 펼친다. 그 무대 위에서 대구가 낳은 홍미영 시인이 웃음의 시를 낭송해 주고 있다. 행복의 상자 속에는 홍미영 시인의 시집이 포장되어 있다. 제1시집 『미운 오리 그리고 사랑』, 제2시집 『바람의 손을 잡고』, 제3시집 『웃음 푸는 여자』, 제4시집『행복을 팝니다』이렇게 네 상자의 웃음을 풀어 오늘 해지기 전 시장 바닥에서 매진하게 될 것이다. 행복의 시, 웃음의 시는 불티나게 팔린다. 시인의 시심이 우리의 삶을 결정짓는 소중한 에너지가 된다는 진실을 묵살해서는 안 된다. 안 된다는 부정 때문에 독자 자신마저 부정하는 결과를 초래한다. 자신을 맨 앞줄에 달리게 하는 지름길이 긍정적이고 적극적인 생각의 길이다. 인생의 길에서 승리자가 되게 하는 것이다. 행복의 시, 웃음의 시는 독자들에게 생각의 길, 인생의 길을 안겨주고 열어준다.

인간은 웃음을 소유하였기에 서정시를 읽을 수 있었다. 이렇게 웃음의 서정시를 읽을 수 있다는 특권을 누구나 누리고 있다. 이 신념으로 삶을 일관하는 자의 몫은 행복하지 않을 수 없다. 웃음은 자신감을 성취시켜낸다. 누구나 할 수 있는 일을 나도 할 수 있다는 진취적 사고는 아직 존재하지 않은 미래의 꿈이 저 하늘의 성좌처럼 아름다울 수 있다.

붉은 와인 잔에 흔들리는 열정
그대 몸속을 타고 흐르는
수액이, 혈액이 되고 싶어 이렇게
무시로 출렁거립니다

여자란
평생이 사춘기 소녀,
하늘거리는 여린 꽃잎,

낙엽 한 잎 떨어짐에도
서러운 눈동자 아픈 손짓 하나에도
가슴이 저려 오니까요

한 송이 그대의 붉은 꽃
와인 빛 어여쁜 글라스
금이 가지 않도록
이가 빠지지 않도록
그대 곁에 있을 때 소중히 다뤄주세요.

–「유리잔」 全文–

유리잔처럼 투명한 감성의 여인은 행복하다. 와인 잔에 채워지는 붉은 열정을 가슴에 가득히 채우고, 그대 체내에 흐르는 와인의 수액이 혈액이 되어 유리잔처럼 전신이 감성에 출렁거리는 순간이 영원에 닿는 희열은 행복하다. 그래서 '여자란 평생이 사춘기 소녀'가 되어 '하늘거리는 여린 꽃잎'으로 개화하는 것이다. 꽃잎처럼 여린 순정은 낙엽 한 잎 지는 순간에도 만추의 황혼을 배경으로 서러운 눈동자를 적시며, 낙엽의 아픈 손짓 하나에도 가슴이 저리도록 아파하는가, 그대는 한 송이 붉은 꽃으로 피어 와인 빛 어여쁜 글라스에 출렁거리는 순간 포착이 행여나 금이 가지 않으랴, 이가 빠지지 않으랴, 그대 소중함이 너무나 안쓰러워지는 찰나를 지켜보게 하는 민감한 정감이 이 또한 얼마나 행복감에 취하게 하는 시간인가.

그대가 내게 소중한 한 표
정겨움의 한 표를 행사하지 않아도
나의 마음은 언제나 늘
그대에게 드릴
사랑의 한 표를 준비하고 있습니다.

아침이 열리고
저녁이 열리고
다시 아침이 문을 닫고
저녁이 문을 닫아도
나의 마음속엔 언제나
당신을 향한 문이 열리고 있습니다.

이렇게
당신이 돌아보지 않는 순간에도
당신이 생각조차 하지 않는 시간에도
변함없는 사랑 표 하나
던집니다.

–「소중한 한 표」 全文–

그대 있어 행복한 사람은 항상 웃음을 입에 물고 내게 소중한 사랑의 한 표를 투표한다. 행동하지 않아도 마음으로 늘 그대를 지지하고 그대에게 한 표를 투표하고 그대를 앞 세워 행동하게 추대한다.

그래서 그대와 나 사이는 아침에 문이 열리고 저녁에 문이 닫힐지라도 아침저녁 늘 문이 열려있다. 그대가 돌아보지 않는 무심한 순간에 내가 생각조차 않는 무관심한 순간에도 '변함없는 사랑의 한 표'는 늘 투표하고 있다. 웃음의 순간에도 울음의 순간에도 사랑의 웃음은 늘 띄워지고 있으니 항상 행복하다.

어느 한적한 들판에 머물러
그대 알아주지 않는 무수한 날
바람의 포옹에 그럭저럭 한 세월

화려한 무늬가 없어도
영원한 사랑 소나무 솔바람 벗으로 삼아
소박한 그리움 여물기 기도하며

그대 힘없어 나들이 길
나 서있는 들판에 눈길 머물러 주어
미소 짓는다면 외로운 벌판에 머묾은
헛되지 않은 기다림

사랑은 오늘도
들꽃으로 머물러 외로이 피어있습니다.

-「들꽃」 全文-

한적한 외딴 들판 마음에 풀꽃으로 피고 지더라도 무수한 나날이 과거라는 망각으로 지워지더라도 바람의 포옹이 꽃잎을 흔드는 순간순간을 웃음 빛으로 포개며 그럭저럭 한 세월을 보내며 소박한 그리움이 씨앗으로 여물기를 기도하며, 외로운 들판에 머무른 것이 헛되지 않기를 기다림하고 있다. 아무도 찾지 않는 외로운 들길에 진정 참사랑은 들꽃으로 머물러 웃음 머금고 외로이 피는 것이다. 들꽃은 외로워도 웃음을 물고 핀다. 어젯밤에 피어날 때는 하얀 빛깔이 밤새 별빛과 사랑의 신열을 앓고 나서 한결 성숙해졌다. 연한 흰 웃음 살짝 머금고 있다. 사랑은 웃음의 빛깔을 더욱 말갛게 바꾸게 한다. 진정한 사랑을 알고 나서야 꽃은 자신의 꽃 빛이 성스러운 것을 보게 된다. 사랑의 진정성에 대한 성숙의 기준을 가늠하게 한다. 우리가 과연 우리를 변하게 할만큼의 진정한 사랑을 해 본 적이 있는지 어쩌면 인간들은 들꽃보다 못해서 사랑의 의미도 모르면서 앵무새처럼 습관적으로 사랑을 입에 물고 사랑이라는 노래를 부르는지도 모를 일이다. 홍미영 시인에게 진정 들꽃을 통해 시를 쓰는 참다운 사랑의 자세에 경탄하지 않을 수 없다.

사랑하는 임이라 부를 수 있게
해 주어 고마워요
하늘 바라보며 그대를 그릴 수 있게
해 주어 정말 고마워요
세상 번잡함 속에 고요한 그리움

당신이 있어서 정말 좋아요
사랑한다고
좋아한다고 소리를 내어 외치고 싶지만
소리 없이 날아갈 것 같아
가슴으로만 침묵한 채
늘 그대를 향하여 무시로 띄워 보내는
가슴 속 편지
그대 정겹게 받아 주심 감사해요….

-「사랑하는 임」 全文-

사랑이라는 단어가 너무 값어치 없이 남용되고 있는 이때에 홍미영 시인은 사랑의 중후한 무제의 철학을 내포하고 시를 노래하고 있다. 그것은 현실 속에서 사랑에 대한 깊은 희열이 웃음이라는 삶의 미학을 동반하고 있고 영원 속에서 사랑에 대한 영원성을 축복이라는 행복의 철학을 동반하고 있는 까닭이다.

우리는 얼마나 삶의 가치를 누리고 사는가? 흔히 시인들은 거미줄에 맺힌 아침이슬의 영롱함을 노래하지만 그 속에 존재하는 거미 앞에 한 생명이 맞이하는 죽음의 공포에 대해서는 외면하는지 모른다.

아름다움은 늘 삶과 죽음 속에서 피어나는 꽃과 같은 것이다. 아침 이슬은 풀 숲에 내리는 자연의 축복이다. 자연 속의 생명체들은 아침 이슬을 통해 풀숲에서 물맛을 보는 희열의 순간을 느낀다. 시는 아침 이슬과 같은 것이다. 시는 물맛 같은 행복을 파는 것이다. 아침 이슬을 물고 피우는 꽃은 한 편의 아름다운 시편이다. 아침 꽃잎이 늘 마음을 두근거리게 하듯이 한 편의 시도 생존의 전략으로 가슴 두근거리는 감동을 분출하는 것이다. 시는 사랑의 액센트가 되는 것이다. 어느덧 계절은 저만치서 꽃 한 송이 피워놓고 빙그레 미소 짓고 있지 않은가. 계절에 길들여 가듯이 사랑하는 임에게 길들어 가고 있지 않은가.

툭툭 거실 귀퉁이에서
바싹 마른빨래를 걷고 있다
세상을 헤쳐 다니느라 색이 퇴색되고
주머니가 찢어질 만도
헤어질 만도 한 바지와 겉옷
나신의 수치를 가려주던 속옷까지
그리고
젖은 몸을 말려주고 닦아주던 수건도
각자 제 위치를 찾아 안장시킨 후

다시 방안 곳곳 거실 곳곳
먼지와 때를 묻히고 발가벗겨 누워있는
어제의 세탁물들을 거둬들여
다시 세탁기를 돌린다.

집착과 애욕의 때도
빨고 싶은 마음으로.

-「빨래」 全文-

햇살 밭에서 바람결에 젖은 빨래가 보송보송 건조되었다. 세탁물을 한 편의 좋은 시처럼 감촉 좋은 감성의 옷가지로 다시 복귀하였다. 마른빨래를 걷어 들이고 차곡차곡 접어 넣고 제 역할을 다시 수행하게 했다. 퇴색된 옷, 찢어진 옷, 해어진 옷 할 것 없이 겉옷, 속옷, 수건, 걸레까지도 '각자 제 위치를 찾아 안장' 시켜 놓았다.

세상살이에 오탁된 세탁물을 수거하여 다시 세탁기를 돌린다. 다시 햇살 밭 바람결에 건조시킨다. 세상의 차가운 습도와 우리 가족의 애정 엉킨 온도가 적당히 줄에 걸리어 다시 빨래는 제 역할 의상으로 복귀한다.

꿈을 현실로 복귀시키기 위한 시의 실현이 빨래의 과정을 통해 선명하게 투영시켜내고 있다. 이렇게 '빨래' 라는 시편은 우리 생활 일상에서 집착과 애욕의 때도 청정히 세탁해서 복원해 주는 역할을 한다. 이 같은 시적 승화가 시가 가지는 힘이며, 시의 호용성이다. 눈이 시린 햇살이 찾아와서 우리 가족의 마음의 때를 세척하고 건조해준다. 여름 같은 가을이 찾아와서 빨래의 습기를 건조 시켜 주는 시인의 빨랫줄에 시가 주렁주렁 내걸려 있음을 보는 듯하다.

시루떡을 쪄내듯 날마다
켜켜이 내 삶의 소재를 올려
하루를 쪄낸다

아침, 점심, 저녁 사이에
꿈과 행동과 반성을 사이로
사랑, 그리움, 관심, 소망, 열정을
팥의 대용으로

가끔은 설익는다
그래도 다시 쪄내고 또 쪄내고
날마다 뜸들이고 완성하기 위한
온갖 노력을 건다

–「하루」 全文–

시의 하루는 한 편의 시편이다. 시루떡 같은 미각이 나는 시를 한 시루 쪄내고 있다. '켜켜이 내 삶의 소재를 올려' 하루분 삶을 시로 형상화하여 떡으로 쪄내고 있다.

아침, 점심, 저녁의 시간 사이에 꿈과 행동과 반성의 공간을 채우고 사랑, 그리움, 관심, 소망, 열정의 팥고물을 섞어 시루떡을 쪄낸다. 인생을 완성하기 위한 아궁이에 불씨를 지피며 삶을 가꾸어가는 시인의 품격이 떡 맛처럼 인정겹다.

감성의 들판에 시의 가락이 날아다닌다. 시를 잘 쓰는 것은 독자의 선망에 오르는 대상이다.

시인은 다독이 체력인 동시에 다작이 비결인 것이다. 누가 뭐래도 읽고 쓰는 일이 기초체력을 쌓는 일이다. 먹고 일하고 살듯 읽고 쓰고 사는 것이다. 누에가 뽕잎을 먹고 실을 뽑듯 녹색 감성을 자양으로 하고 비단 같은 명시를 뽑아내는 것이다. 홍미영 시인은 웃음이라는 고운 색실로 행복이라는 비단을 짜내고 있다.

기업가가 사업을 경영하듯 시인은 시를 경영한다. 시의 불씨를 댕기어 이 사회에 불을 댕겨 주어야 한다. 시는 정감이 깊은 독자를 포옹해 준다. 특히, 홍미영 시인은 웃음의 감동을 생산하다. 그 감동을 행복의 불씨로 살리어 내다 판다.

〈축사〉

4집 발간을 축하하며

김영태(시인 · 한비문학 발행인)

홍미영 시인의 4집 "행복을 팝니다." 출간을 축하하면서, 시인의 문학에 대한 탐구와 끊임없는 창작의 열정에 박수를 보낸다.

홍미영 시인은 자신의 완성과 자아 발견을 위하여 끊임없이 노력하고 쉼 없이 전진하는 생활을 모태로, 시를 짓는 일 외에도 국악과 서예와 타령을 배우고, 웃음을 전하는 강사로 하루의 시간이 모자랄 지경으로 부지런하게 생활을 하는 시인으로 작품을 대하다 보면 곳곳에서 이러한 시인의 생활을 엿볼 수가 있다.

홍미영 시인을 대하면 악의없는 순수한 모습과, 끊이지 않는 미소로 시인의 성품과 기질을 누구든지 단박에 알 수가 있다. 이번 4집의 제목(행복을 팝니다.)과 지난 3집(웃음 푸는 여자)의 제목이 보여 주듯이 시인은 나보다 남을 먼저 배려하는 넉넉한 마음과 긍정적인 삶의 자세로 세상 사람들이 모두 행복해져서 웃음이 끊이지 않길 원하는 바람이 가득 담겨 있어, 시인이 가져야 할 자질과 덕목을 갖추고 있는 천상 시인임을 알 수 있다. 이러한 시인의 심성으로 시작된 시작(詩作)은 일상에서 건져 올린 살아있는 이야기로 작품 속에서는 우리의 이야기가 웃기도 하고, 울기도 하고, 어떤 때는 풋풋한 감정의 흔들림으로 나타나고 있어, 평범한 일상의 이야기가 시로 다가와 이질감이 없이 편안하게 받아들여져 한 그릇의 냉수를 들이켜듯 폐부까지 시원함을 느끼게 한다.

홍미영 시인은 생활이 시이자. 시가 생활인 시인으로 평생 100권의 시집을 출간하겠다는 야심(?) 찬 목표를 가지고 시간 틈틈이 시작에 몰두하며, 누구나 자신의 작품을 읽으면 행복이 가득해지는 마법의 글쓰기 공부에 열심이다.

언젠가는 홍미영 시인의 바람이 현실로 이루어져 시기와 암투, 모략이 판을 치는 세상이 홍미영 시인의 마법의 시로, 이해와 용서와 포용으로 웃음이 끊이지 않는 그날이 되기를 기대해 본다.

석가의 '무재칠시'에 대한 가르침을 생각해 본다.
늘 화사하게 웃으면서 정다운 얼굴로 상대를 바라봐 주고,
사랑의 말, 칭찬의 말, 위로의 말, 격려의 말, 부드러운 말로 상대를 대하고
나의 마음을 먼저 열고 따뜻한 마음을 주고
따뜻한 눈동자로 상대를 바라봐 주고

힘든 사람을 보면 도와주고 싶은 마음을 간직하고
내가 힘들면 상대가 힘들다는 것을 알고 양보하고
시시콜콜 왜 그랬느냐 묻지 않고서도 상대를 이해해주는 거 등….

-시인의 말 중-

제5부

걸어 다니는 꽃

지천으로 웃음과

행복을 팔고 다니는 사람은

모두 걸어 다니는 꽃입니다.

희망 잡이는

주위도 행복하게 만듭니다.

걸어 다니는 꽃

어디에 있어야 아름다울까요
어떻게 살아야 잘 사는 것일까요
머물러 있어야 곱게 자랄 수 있을까요

사람은 각자 꽃입니다
걸어 다니는 꽃
가끔은 걸어 다니는 나무가 되기도 합니다

딸에게는 걸어 다니는 꽃이 되어
어디에 있든지 향기를 뿜는
환한 아름다움이 되라고
아들에게는 걸어 다니는 나무가 되어
어디에 있든지 산소를 뿜는
시원하고 듬직한 사람이 되라고

가끔 난
걸어 다니는 꽹과리가 되기도
천방지축 흔들리는 시계추가 되지만
마음만은 꽃으로 오늘도 걷고 있습니다

내 안의 너

오늘도
지금도
내 안의 너를 만난다

과일이었으면 네 혀에 감겨
너의 속으로 들어갔어도 좋을

애완용 강아지라면 너의 발끝에
잠들고 일어나 네 머리맡에 코를
비벼도 좋을

그러나 장애물 많은 사람이기에
너에게 마음처럼 다가갈 수 없는 나는
가슴에 늘 너를 품고만 산다

오늘도 난 내 안의 너를 선택해서
그리움의 불을 지피고
사랑의 꽃을 피운다

사랑의 속삭임

안 들려요
당신의 소리가
목소리를 낮춥니다
아~
당신의 소리가 이제 들려요

사랑은 당신을 보려고
뒤꿈치를 드는 거
사랑은 당신의 소리 듣고자
소리를 낮추는 거

언제나 당신을 향하여
사랑을 속삭입니다

느낌이 중요해

사랑을 받아도
느낄 수 없으면 불행합니다

사랑을 주어도
느낄 수 없으면 또 불행입니다

삶도 느낌,
사랑도 느낌,
모든 것은 느낌입니다

오늘도 행복한 느낌으로
충만의 느낌으로
기쁨의 느낌으로
일어섭니다

불치병

안 그런 척 뒤돌아도
흐르는 눈물을
막을 수 없다.

이제는 사랑이 끝났다고
선언을 해놓고
외면해도 가슴은 끊어내지
못하니 죽을 놈의 사랑이다

어렵게 시작한 사랑
쉽게 끊을 수 없음 당연한데
억지로 끊으려
안 그런 척 손 흔들어도
심장을 쪼갤 수 없으니
아 죽어야 사라질 사랑인가?

사랑 할수록

사랑은
외로움의 또 다른 시작

사랑이
외로움의 끝이라면
얼마나 좋을까

사랑의 또 다른 모습이
외로움인 걸

사랑한 만큼 외롭다
사랑할수록

꽃눈 가진 당신

어찌 그대 꽃눈을 달고 있어
보이는 모든 것이 그리
예쁘게만 보이는지요

여린 마음 그대
남이 힘들고 어려운 것은 볼 수 없어
언제나 자신의 것을 떼어주고
나누어 주는 고운 마음
어찌 그리 하늘을 닮았는지요

태평양 닮은 당신은
너무 너그러워 당신의 품 안에서는
혼돈의 모든 것들이 평화로움을 찾고
세상 가득 웃음꽃이 피어나고 있으니

거울

가장 큰 세상의 거울을
날마다 바라보다
억億억億억億 조兆조兆
내 작은 몸으로는
비교할 수 없는 광활한 우주

세상의 거울에 나를 비춥니다
작은 나의 몸을 비추고
작은 나의 사랑을 비추고
작은 나의 정성을 비춥니다

이 작은 나의 몸
세상의 거울로 비출 때
너무나 작지만 오늘도 이름 없는
들풀의 노래처럼
이름 모를 새들의 지저귐처럼
즐거워하며 나를 비춥니다

詩人

오늘도 詩人은 민생고에
주눅이 들지 않고 생의 화선지에
물빛 고운 담채화를 묵묵히 그립니다

은빛 향기 섞인 달빛으로
붉은 심장 토악질하는 노을로
진갈색 고독의 연필로

바람이 울고 갑니다
초목이 웃고 갑니다
생의 강은 바다로 흘러갑니다

詩人은
내려앉지도 서 있지도 못하는
시간의 외줄을 타고
아름다운 곡예를 합니다

산을 그리며 산이 됩니다
바다를 품고 바다가 됩니다
그리고 친숙한 어둠을 유영하는
별이 되어 검은 카펫에서
춤을 춥니다

도시의 새

걸어 다니는 새가 된 사람들
도시는 온통 새장이 즐비하게
들어서고 있다

하늘을 날고 싶은 사람들의 소망
새가 되지 못한 사람들은
하늘 중간까지 고층아파트를 짓고
고층 빌딩을 짓고 날개 대신
엘리베이터를 타고 새장으로 들어간다

흙을 밟고
흙의 노래를 부르며
흙의 소리에 귀 기울이고
흙의 향기에서 뿜어 나오는
황토 빛 평안을 입어야 하는데
도시의 사람들은 모두 날고 싶어 한다

오늘도 도시 한쪽에선
걸어 다니는 새의 터를 만들기 위해
하늘에 세울 고층건물을 짓느라
굴착기 기중기가 부산스럽다

〈작품 해설〉

행복 전도사 · 산소 같은 여자 –홍미영 시인의 시와 삶

김원중(시인 · 한국인협회 고문 포스텍 · 명예교수)

1

나는 홍미영 시인을 두세 번밖에 만나 적이 없다. 그러나 수십 년 동안 만나고 알고 지낸 사이처럼 친밀감을 느꼈다. 그것은 〈바람의 손을 잡고〉〈행복을 팝니다〉 등의 두 권의 시집을 읽었기 때문일 것이다. 이 시집들의 주인공을 한 번도 만나 적이 없는 상태에서 어떤 선입관도 없이 〈행복을 팝니다〉를 읽었던 것이다.

하하하
반갑습니다

입가에 힘을 주고
많이 웃으세요
대박이 터져요

실망하지 마세요
곧
좋은 일이 닥칠 테니까요

꿈을 위해서
지치지도 말고
넘어져도 얼른 일어나세요

매 순간이
노다지를 캔다는 마음으로
정성을 기울이세요
오늘은
꼭
좋은 일이 생길 거예요

행복한 하루 되세요!......

시집〈행복을 팝니다〉의 맨 끝에 실려있는 이 시는 나에게 선물을 준 시처럼 나를 황홀하게 만들었다. "하하하.... 많이 웃으세요." 되풀이 읽을수록 내 마음을 즐겁게 하였다. 진솔한 이 시인의 마음이 나를 감동시킨 것이다. 뇌졸중으로 장애인이 된 나에게 준 격려의 시 같기도 하였다. "꿈을 위해서 /지치지도 말고/넘어져도 얼른 일어나세요."라는 이 연은 나를 두고 쓴 시처럼 느껴져서 이 시인을 금방 만나고 싶었다. 그런데 뜻밖에도 이 시인의 다섯 번째 시집 〈걸어다니는 꽃〉의 작품 해설까지 쓰게 되었으니 불교에서 말하는 어떤 인연이 아닐까? 그러고 보니 오늘이 부처님 오신 날이기도 하다.

어디에 있어야 아름다울까요
어떻게 살아야 잘 사는 것일까요
머물러 있어야 곱게 자랄 수 있을까요

사람은 각자 꽃입니다
걸어다니는 꽃
가끔은 걸어다니는 나무가 되기도 합니다

딸에게는 걸어다니는 꽃이 되어
어디에 있든지 향기를 뿜는
환한 아름다움이 되라고
아들에게는 걸어다니는 나무가 되어
어디에 있든지 산소를 뿜는
시원하고 듬직한 사람이 되라고

가끔 난

걸어다니는 꽹과리가 되기도
천방지축 흔들리는 시계추가 되지만
마음만은 꽃으로 오늘도 걷고 있습니다

대개 작품해설에서는 시의 한 연만 인용하는 것이 관례인데 홍미영 시인의 시는 한 편 전체를 인용하지 않고는 안된다. 그만큼 해설이 새삼 필요없는 잘 읽히는 시인이다. 일찍이 전봉건 시인이 쉬운 시 쓰기 운동을 펼친 바가 있다. 모더니즘이란 이름 아래 시인 자신도 모르는 시를 쓰고 행세했던 시인들이 많이 있었기 때문이다. 1920년대 김소월 시인이 지금도 독자들의 가슴을 정서적으로 적시듯이 21세기가 10년이 지나가는 2010년대에는 홍미영 시인이 김소월 시인과 같은 각광을 받을 것이다,

어찌 그대 꽃눈을 달고 있어
보이는 모든 것이 그리
예쁘게만 보이는지요

여린 마음 그대
남이 힘들고 어려운 것은 볼 수 없어
언제나 자신의 것을 떼어주고
나누어 주는 고운 마음
어찌 그리 하늘을 닮았는지요

태평양 닮은 당신은
너무 너그러워 당신의 품 안에서는
혼돈의 모든 것들이 평화로움을 찾고
세상 가득 웃음꽃이 피어나고 있으니

〈꽃눈 가진 당신〉이라는 시이다. 홍미영 시인은 행복을 파는 시인이다. 사랑을 참되게 추구하는 시인이다. 사랑을 가진 시인이다. 그리고 꽃을 가진 시인이다. 행복과 사랑과 꽃은 같은 이미지로 시에서 열매를 맺는다. 또 이 시인이 하는 여럿일 중의 하나가 웃음전도사여서 그런지 웃음을 독자에게 선사하는 시인이다. 이번의 이 시집에서도 많이 볼 수 있다. 물론 시에서는 잔잔한 미소를 머금게 하는 것이 원칙이리라

2

홍미영 시인의 다섯 번째 시집 〈걸어다니는 꽃〉은 총 104편의 시가 실려있다. 이 104편을 3부로 나누어 1부 49편 2부 48편 3부 7편으로 나누어 놓았다. 사실 특별한 이유가 있어 나누어 놓은 것이 아니고 편의상 그렇게 하였던 것이리라 옛날 같으면 1부 「그대 이름 혀끝에 걸리고」의 49편 만으로 한 권의 두꺼운 시집이 되는 것이다. 언제부터인가 새로 쓰기에서 가로쓰기로 판형이 바뀌면서 시집의 작품 수가 많아졌다. 우리의 선배 시인들은 대

개 15편에서 20편 내외의 시로 한 권의 시집으로 발간하였다. 사실 한꺼번에 100편이 넘는 시를 엮는다는 것은 독자의 입장에서 보면 부담이 된다. 가로쓰기의 판형이지만 아무리 많아야 70편 전후가 적당한 것이다. 그러나 어쩐지 홍미영 시인의 시는 너무 잘 읽혀서인지 100편이 넘어도 읽는 부담이 적다. 그만큼 독자를 친숙한 분위기에 몰아넣는 재주가 탁월한 것이다. 홍미영 시인의 이 시집 자체가 〈홍부 가족〉 같다.

4평 단칸방에서 시작한 결혼생활
사랑으로 자고 나면 하나, 둘, 셋
아이 셋,
열심히 살다 보니
짚 이겨 흙으로 만든 제비집에서
대박 타듯 일군 55평 푸르지오 아파트
분주한 하루 끝
각자의 방을 찾아 침실로 분명히
자러 들어갔는데
새벽녘 옆, 뒤를 돌아보면
어느새
큰놈,
둘째 놈,
막둥이
둥지 찾아 제비새끼 날아들듯
모두 안방으로

하나, 둘 와서 누워 곤히 자네
아하~
안방에는 침대 없는 것이 천만다행
영원한 흥부가족

홍미영 시인은 참으로 분주하게 사는 가정주부이다. 본업인 주부의 자리를 굳게 지키면서 음악도 하고 문학도 한다. 가는 곳마다 주변을 즐겁게 하는 행복 전도사이며 산소 같은 여자가 홍미영 시인이다. 감히 일독을 권하고 싶은 시집이 〈걸어다니는 꽃〉이다.

2009년 부처님 오신 날에

제6부

사랑, 슬픈 거짓말

사랑은

나조차도 나를 속이는

거역할 수 없는

영혼의 반응입니다.

눈물을 흘리더라도

깊이 사랑에 빠져보는 것이

뭉클해지는 인생입니다.

임 그리워

산이 그리워
산에 오니
임 그리워

숲 속 가득
임의 숨소리

푸른 향기
통통 이면
임이 그리워

마음의 꽃

감정의 손가락으로 집는 곳마다
온통 당신 향한 그리움만 짚이고
온통 당신 생각뿐입니다
당신은 나의 마음 자락
온통 움켜쥔 사랑입니다

밋밋한 나의 삶에 들어온 당신으로
뜨거운 삶이 되어 버렸고
마음의 눈으로 응시하는 곳마다
그대 있어 온통 나의 마음을
사로잡아 버렸습니다.

하루라도 그대를 보지 못하면
하루를 살아도 의미가 없는 듯
온통 하늘이 공허한 메아리로
쓸쓸함이 느껴지고 있으니
당신 없는 시간 어떻게 견뎌야
할지 모르겠습니다.

당신은 구름 낀 하늘을 뚫고
솟아 올라온 태양이 되었고?

어느 순간 나의 마음 가득
활짝 피어나는 아름다운 꽃으로
존재합니다.

꽃길

마음 가득 차 있는 그대
홀로 외로운 날
그대 마주칠 수 있는 곳으로
하던 일 멈추고 고개 들면
바람이 실어오는 그대 숨소리
발목 가득 보고픔 신고
그대 있는 곳으로 달려가면
온통 꽃 천지
세상 가득한 꽃향기는 그대입니다.

벽돌 쌓기

숨 한번 맘껏 쉴 수 없는 자아
상처 잘 받고 여린 마음 받는 것보다
퍼주는 게 익숙한 벽돌 쌓기

그러나 당신 알고부터
누구나 향한 사랑보다 오직 한 사람 위한
벽돌 쌓아갑니다

설렘, 그리움, 추억, 즐거움, 웃음, 미소,
눈물, 기다림 등 간절한 고운 마음
사랑 섞어 벽돌 쌓아 올립니다

당신 사랑 따스한 벽 되어 시린 등에
온기를 주고
아픈 영혼에 빛을 투영합니다

오늘도 그대로 말미암은 하루는
굳건한 사랑의 벽돌 쌓아 갑니다
예쁜 사랑의 성이 완성될 때까지

그대에게 가는 길

당신을 사랑하기 시작하면서
늘 마음의 떨림
작은 풀잎의 떨림처럼
가슴에서 움직이는 작은 물결

사랑의 희열
또 사랑의 아픔
이제는 느긋할 수도 있는데
그대 앞에서만은 늘 좌절

그래도 좋아
당신 사랑이 아픔이라도
가끔은 당신 향한 마음에
절망과 좌절이 흐를 때
당신 미소 짓고
당신 가슴 내게 비춰주세요.

수평선 사랑

당신을 머리에 이고
가슴에 안고
침묵하는 듯 보였으나
침묵한 적 없고
무관심한 척 보였으나
단 하루도 당신 향한
관심 멈춤 없었음을

하늘 아파 눈물 흘리면
가슴 밑바닥 차고 올라오는
당신 향한 서러움으로
통곡했고
하늘 맑은 날
당신 해맑은 미소생각하며
햇살 향하여 환한 미소 지었던
순간 모두 침묵의 메아리

가차없는 당신 나의 운명
내가 당신 바라보고
당신 나를 바라보고
결국 눈물로 서로 바라보는

침묵의 관심
어둠 속 안개 같은
사랑을 하고 있다

지푸라기 같은 사랑

아직은 우리 사랑
연장선
끝도 없는 먼 그대와 나

그리움의 몸부림
형용할 수 없는 영혼의
갈망

그대 있음에
내가 있고
내가 있음에
그대 숨 쉬고 있음을
믿고 싶습니다

하늘이 무너져도
세상이 흩어져도
삶이 늪에 빠진다 해도
연장선 끝에 숨 쉴 그대 사랑.

푸른 너

고마워
늘 푸른 소나무 같은 당신

언제나 바람 부는 곳에서도 꿋꿋하여
풍상에도 고고하게 변함없는 모습
당신은 고귀한 천년 학
그런 당신은 나에게 푸른 숲

세상의 많은 그리움과 사랑에
마음 아파하고 울지 말고
푸른 가지 하늘로 뻗었으면 좋겠다

대나무의 절개와
사계절 푸른 소나무의 향기로 당신
늘 나에게 푸른 숲으로 남아 있기를.

눈물나무

그대는 아마 눈물 나무인가 봐
그대의 그늘 밑으로 들어가고 싶어
그대에게로 걸음 옮기면
눈물 먼저 걸어가고 있으니

아마 연리지였나 봐
뿌리가 같은 두 몸체
그대와 난 전생에 함께 부여안은
인연이었나 봐

이렇게 추운 날
당신을 따뜻하게 해주고 싶은
햇솜이 되고 싶은 마음
그렇지 못한 마음에 안타까움
이슬이 가득 맺혀
눈물로 떨어지고 있으니

외눈박이

당신을 너무 그리다
한 눈멀었습니다.

가슴엔 구멍이 뚫리고
마음은 그리움을 허공에
거느라 분주합니다.

당신을 기다리다
외눈박이 되었습니다.

그러나 가슴은 더욱 진한
그리움에 물들고
서러운 세월만 가고
한쪽 눈으로 당신을 바라봅니다.

당신 내게로 걸어와 나의 한쪽이
되어 주시길 간절한 마음으로
기도하면서

빈방 있어요

내 안에 빈방 있어요
당신을 위하여 비워둔
빈방 있네요

당신 쉴 곳 없을 때
부담 없이 찾아오세요

은촛대 장신구 없는
가난하고 초라한 방
하지만 편안함과 정겨움
사람의 냄새가 나는
빈 방이랍니다

이곳에는 나의 참마음
영혼으로 맞이하는
소중한 즐거움 있어
그냥 포근한 방입니다

당신 그냥 쉬고 싶을 때
부담 없는 마음
내 마음의 빈방에서
쉬어 가세요.

어쩌다 우리

어쩌다 우리
단 한 시간도 궁금해서
못 견디는 사랑이었는데
이렇게 뜸한 시간도
잘 견디게 되었나요

이제 그대
제가 심드렁해 졌나요
아니면 사랑이 식어버렸나요
아니면 처음 모르던 사이로
돌아가 버렸나요

마음이 차가워져요
기다리다 지쳐서
머리로는 그대를 이해하는데
마음은 그대 향한 미움으로
가득 차오르고 있어요

어쩌다 우리
이렇게 되었는지
가슴이 아프지만

난 알 수가 없어요
그대 아직 사랑하는 것밖에는

도화선

모두 드리기 위해
달려가 안깁니다
생의 좋은 것은
무엇이든

그대의 행복
그대의 성공

내 작은 소망의 불씨
가지고 그대 마음 밭
달려가는 길
갈까 말까 망설이다
달려갑니다

아름다운 불꽃
생의 꿈으로
피어나는 순간까지

슬픈 틈

틈이 생깁니다
틈이 벌어집니다
그대와 나
딱 붙어 있고 싶어
맹세하고 다짐을 하건만
짓궂은 바람
어쩜 처음부터 주인인
바람이 그대와 나를
갈라놓습니다
난 아무 말도 못하고
밀려납니다
당신 없으면
의미 없는 삶들이
초라함으로 가슴에
먹칠을 합니다
틈이 벌어집니다
전에 없었던
슬픈 틈이.

형벌

네,
사랑에 눈멀어
오는 사랑 알지 못하고
그리움에 넋 잃어
오는 그리움 돌려보내고
추억의 강에 빠져
현실을 외면한
널 사랑한
내 사랑은 온통
죄로 얼룩진 형벌

비 오는 날의 노래

그대 숨소리
세포 곳곳 설움 터지는
물방울
세상에서 털어야 할 것
훨훨 음표에
매달아 허공에 띄우는
전주곡
빗방울 소리 들리듯
낙수 되어 떨어지는
눈물의 향연
그대 온몸 전율하는
우주 향한 음률은
피안의 여울목
무심천으로 흘러가네

시소

올랐다가 내려왔나요?
삶의 계단 껑충 뛰어
하늘보고
다시 곤두박질
땅을 밟고
교만도 욕심도 모두 버려요

올라가면 근신하고
내려오면
기죽지 말고 꿈꾸고
생의 계단 언제나 공평한
시소

오르는 길 있으면
반드시 내려오는 길
오늘도
기죽지 말기로 해요

신나는 생
올랐다 내렸다
즐거운 마음으로
시소 즐기기로 해요

느린 우체통

편지를 보내면 일 년 후
도달하는
우체통이 있습니다

앞만 내달려
늘 불안한 삶
생의 수레바퀴
정신없이 돌아갑니다

그러다 생각지 않는
장애물에 걸려
뇌진탕도 걸리고
몸살로 앓기도 합니다

이제 옆도 뒤도 돌아보며
천천히 가고 싶은
그리움의 섬에 도달하렵니다

일 년 후
아니,
십 년 후 도착할지라도

〈작품 해설〉

사랑, 슬픈 거짓말의 황홀한 고통, 그리움의 시학

박해수(시인 · 문학박사)

홍미영 시인의 6번째 시집 '사랑, 슬픈 거짓말'에는 시의 아름다움, 언어의 아름다움, 영혼의 아름다움이 시인의 존재 내면 깊숙이 우러나온 것이라기보다 삶과 세계의 심연을 외경의 시선으로 황홀과, 기쁨, 감격의 소리로 우려내고 있다.

홍미영 시인은 문학의 길을 곧장 시집을 출간함으로써 그의 삶과 사랑, 슬픈 거짓말, 그리고 황홀한 고통과 그리움을 솔직 간명하게 토로하고 있다.

홍미영 시인은 웃음치료사와 건강한 생활, 건강한 시심을 떠올리면서 우리에게 다가온다. 이즈음 또한 노래와 함께 산을 울리고 꽃길을 다듬고 슬픈 오리와 대화하며 헤어질 수 없는 이유와

'그 여자의 집' 에서 '생의 스케치' 를 그려 보내고 있다.

오, 사랑. 사랑의 목소리를 임 그리워에 간단명료하게 단도 쾌마로 우리의 가슴을 찌른다.

산이 그리워
산에 오니
임 그리워

숲 속 가득
임의 숨소리

푸른 향기
통통 이면
임이 그리워

-임 그리워 전문-

마치 동시, 동요 적 발상으로 산수유 잎새에 바람이 일듯 우리에게 살랑이며 다가오는' 임' 그' 임' 은 山이 되기도 하고 숲이 되기도 하고 숨소리, 영혼의 소리가 되기도 한다. '푸른 향기' 의 푸른 생명이기도 하다. 홍미영 시인의 숨소리는 푸른 향기, 푸른 웃음, 푸른 삶의 푸른 희망 속에 그의 삶과 시를 녹이고 있다.

마치 우리 민요조 시인이요, 국민 시인인 김소월의 임과 같은 맑고 투명한 그러나 슬픈 그리움을 안고 다가오는 멋과 낭만을 시속에 산수유 눈물빛 같이 물들이고 있다.

마음 가득 차 있는 그대
홀로 외로운 날
그대 마주칠 수 있는 곳으로
하던 일 멈추고 고개 들면
바람이 실어오는 그대 숨소리
발목 가득 보고픔 신고
그대 있는 곳으로 달려가면
온통 꽃 천지
세상 가득한 꽃향기는 그대입니다.

–꽃길 전문–

'마음', '그대', '고개', '바람', '숨소리', '발목', '꽃', '천지', '꽃향기' 등의 주요 시어들이 등장하며 시의 탄력을 불어넣고 있다. 삶의 '시소'를 타며 오르고 내리는 삶의 길이 명쾌하고 간명하다. 시인의 탄력은 내밀한 마음에서 우러나오지만 시의 대상인 꽃길, 꽃 천지, 꽃향기 속에 황홀한 삶의 고뇌와 황홀한 아름다움을 발견할 수 있다.

문학의 잠재력, 문학의 숨은 힘은 시심에서 우러나온다. 시심이란, 우리 마음의 심상, 또는 이미지 생각의 깊은 심연에서 우러나온다.

홍미영 시인은 시제에서부터 ‘오, 사랑’, ‘꽃길’, ‘임 그리워’, ‘슬픈 오리’, ‘주춧돌’, ‘시소‘, ‘헤어질 수 없는 이유’, ‘그 여자의 집’, ‘생의 스케치’, ‘눈먼 새’, ‘빈방 있어요.’ 등 시어의 낱말은 관념에서 우러나온 것이 아니라 무척 자연스런 일상의 시정詩情, 직관적 언어에 무게를 두고 있다. 홍미영 시인의 시에는 건강한 생명의 시, 건강한 생명의 빛을 아름다운 눈, 또는 황홀한 삶의 기쁨으로 직시直視하고 있다. 예감과 직시, 근시와 원시를 동원하며 흙 위를 걷는 시인은 ‘그대’ 안에서 신나는 생, 즐거운 마음으로 시소 즐기기를 한다. ‘올라가면 근신하고’, ‘내려오면 기죽지 말고 꿈꾸고 생의 계단 언제나 공평한 시소‘를 원하고 꿈꾼다.

올랐다가 내려왔나요?
삶에 계단 껑충 뛰어
하늘보고
다시 곤두박질
땅을 밟고
교만도 욕심도 모두 버려요

올라가면 근신하고
내려오면
기죽지 말고 꿈꾸고
생의 계단 언제나 공평한

시소

오르는 길 있으면
반드시 내려오는 길
오늘도
기죽지 말기로 해요

신나는 생
올랐다 내렸다
즐거운 마음으로
시소 즐기기로 해요

-시소 전문-

삶의 길에서 번뜩이는 교훈적인 시다. 기죽지 말기로 하는 시인은 '신나는 생', '즐거운 마음'을 적고 있다. 예감과 시심이 번뜩이는 시소는 흙 위를 걷는 사람들의 공평함과 화평, 마음의 평화 동심을 불러 일으키는 마음의 순진성을 내포하고 있다.

삶의 의지력과 삶의 근원은 시기, 질투, 분노, 독선, 미움, 괴로움, 고통을 버리는 곳에 삶의 기쁨, 희망, 긍정의 시학, 긍정의 미학이 우러나온다. 시인은 '마음속 가득 이는 생의 열정, 날마다 순간의 최선을 다하는 것이 아름다운 삶의 밑그림, 진실만이 나의 스케치다.' 라고 '생의 스케치'에서 필력하고 있다.

오늘 설렌다고
내일도 설레진 않는다
오늘 좋아서
내일도 좋으란 법은 없다

생의 스케치
오늘은 오늘이라서 좋고
내일은 내일이라서 좋다

보기 좋다고
좋은 생의 스케치는 아니다
때론 먹구름 비바람도
더러는 눈비 해일도 있는 것이
생의 스케치이다

마음속 가득 이는 생의 열정
날마다 순간의 최선을 다하는 것이
아름다운 삶의 밑그림
진실만이 나의 스케치다

-생의 스케치 전문-

홍미영 시인은 시의 내재적 응시를 바라봄이 아니라 감각과 생명, 삶의 깊고 내밀한 내재적 요소를 뒤로하고 감각과 생명. 시의 대상물이 확연한 '당신', '꽃', '햇볕', '나', '사랑', '눈물' 등에서 헤어질 수 없는 이유. 이별 없는 삶. 꽃으로 피어나는 마치 생명을 품어 올리고 생명을 품고 사는 '나'의 나무를 오늘과 내일 영혼의 숨결로 품어낸다. 짧은 이별도 원하지 않고 긴 이별도 원하지 않는다.

당신은
나를 떠나도
난 당신을
떠날 수 없으니

당신이
나를 잊어버려도
난 당신을
잊을 수 없으니

당신은
모두 버려도
나는 당신을 버리면
나를 버리는 것이 되어

사랑은
눈물이지만
변할 수 없는 까닭.

-헤어질 수 없는 이유 전문-

홍미영 시인은 음성적 체질이 아니라 양성적 체질이다. 달빛, 별빛을 찾아 떠나는 음성적 체질, 밤의 체질이 아니라 불과 뜨거움 해를 쫓아가는 양성적 체질이다. 사물의 꿈과 시인의 꿈은 '주춧돌'에 와서 중심을 잡는다.

흔들려고 오는 바람에
위태롭게 간혹 흔들리는
흐린 날도
좋은 날을 생각하며
견디고 또 견디며
중심을 잡는다

일렁이는 바람
파도에 휩쓸려 갔다
다시 휩쓸려오는 하얀 눈물
분할 것도 억울할 것도 없는
세상은 파도타기

조바심으로 오는 세월도
묵묵히 기다릴 줄 아는

주춧돌 되어
거친 바람 힘든 무게에도
투덜 되지 않고
덤덤하게 살아가리.

-주춧돌 전문-

거친 바람, 힘든 무게에도 그는 투덜 되지 않고 덤덤하게 살아간다 보이지 않는 심연과 보이는 심연 홍미영 시인은 보이는 심연 속에 우러나오는 격렬한 열정의 자유인이다. 서정의 깊이와 울림이 직설적이고 직정적이다 '범 속의 초극' 아니지만 일상의 초극을 내 닫고 있는 '주춧돌' 과 '시소', '눈먼 새' 에 와서는 기다림과 태양과 달, 새가 되는 시인의 시적 변용은 아지랑이 같은 감정의 바다에 떠 있다. 영혼의 깊음에서 샘 솟는 떨림만 파장으로 드러난다.

시인의 신선한 시적 포착은 희망을 향한 에너지를 창출하고 있다 목 놓아 부르는 시적 대상이 아니라 담담히 눈물과 꽃과 미소, 달과 태양, 영혼, 이름, 가슴, 뜨거운 아지랑이 바다가 다가오는 잔잔한 여운 속에 뜨거운 열정을 남기는 눈먼 새는 아지랑이 같은 감정의 바다에 살고 있다.

내 안에 빈방 있어요
당신을 위하여 비워둔

빈방 있네요

당신 쉴 곳 없을 때
부담 없이 찾아오세요

은촛대 장신구 없는
가난하고 초라한 방
하지만 편안함과 정겨움
사람의 냄새가 나는
빈 방이랍니다

이곳에는 나의 참마음
영혼으로 맞이하는
소중한 즐거움 있어
그냥 포근한 방입니다

당신 그냥 쉬고 싶을 때
부담 없는 마음
내 마음의 빈방에서
쉬어 가세요.

-빈방있어요 전문-

가난하고 초라한 방 정겨운 사람의 냄새 그리움과 사람, 영혼과 살갗 내 마음 빈방에서 쉬어 가라는 시인은 여백과 평화, 안락과 희망, 긍정과 소박 빈방 속에 가득 실어 놓은 시심이 마지막 다음에 오는 사랑, 오 사랑, 오 나의 태양처럼 뜨겁게 달구어지고 있다. 싱싱한 생명, 그 아름다운 삶의 뜨거운 생명 혼이 때로는 사랑, 슬픈 거짓말 황홀한 고통 그리움으로 다가온 시의 고샅길을 어머니 머리맡의 아름다운 풍경의 음악으로 새겨지고 있다. 삶은 무덤이 아니라 삶은 희망과 뜨거운 가슴으로 일렁이는 삶이다.

홍미영 시인은 꽃으로 행복으로 웃음으로 시의 바다, 시의 화엄경을 적시고 있다. 열반으로 가는 뜨거운 길에 시심을 건져 올리는 홍미영 시인은 몸과, 가슴, 웃음으로 황막한 세상 속에 시심을 건져 올리는 등불을 들고 붉은 시심으로 푸른 꿈, 푸른 삶, 푸른 희망, 즐거운 감각의 리듬으로 웃음과 노래 몸짓으로 삶의 사닥다리를 오르내리는 시심의 시인이기를 기대해 본다.

〈축사〉

진화의 끝을 모르는 뜨거운 영혼

김영태(시인 · 한비문학 발행인)

오늘 설렌다고
내일도 설레진 않는다
오늘 좋아서
내일도 좋으란 법은 없다

생의 스케치
오늘은 오늘이라서 좋고
내일은 내일이라서 좋다

보기 좋다고
좋은 생의 스케치는 아니다
때론 먹구름 비바람도

더러는 눈비 해일도 있는 것이
생의 스케치이다

마음속 가득 이는 생의 열정
날마다 순간의 최선을 다하는 것이
아름다운 삶의 밑그림
진실만이 나의 스케치다

-생의 스케치 전문-

홍미영 시인의 6번째 시집 출간을 축하면서, 끊임없이 진화하는 시인의 삶에 박수를 보낸다. 건전한 사고와, 건강한 생각을 가진 삶은 생활에 폭풍이 치고 눈보라가 내려도 그것을 피하거나 탓하지 않고, 오히려 자신의 생활에 활력소와 스스로 삶을 극복하기 위한 시험으로 여겨 고난을 희망의 전주로 고통을 안락을 위한 과정으로 가장 절망적인 순간을, 희망이 바로 앞에 있다고 생각한다.

세상의 모든 진리와 진실은 머리는 따르지만 마음이나, 몸이 따르기는 정말 어렵고 잘 되지 않는다. 아무리 마음이 넉넉하고 낙천적이고 강인한 정신을 가진 사람도 힘든 일이 겹치면 곧 실의에 빠지거나 실망에 빠져 자포자기하거나, 돌아올 수 없는 상황에 자신을 맡겨 버리기가 쉽다.

자신을 견제하고 자신을 다스리는 것은 자신의 몫이지만 외부의 영향이 불가항력으로 받아들여질 때 사람들은 자신을 추스르기보다는 남을 탓하고, 세상을 탓하는 것이 일반적으로 가지는 사람들의 형태이나, 홍미영 시인은 끊임없이 자신을 채찍질하고, 정련精鍊하여 자신의 삶 속에 아름다운 세상을 가꾸어 자신만의 유토피아를 만들어 가는 지칠 줄 모르고 진화하는 삶을 살고 있다.

홍미영 시인의 눈에 비치는 것은 모든 것이 아름답고 활달하고 신선하다. 건강한 삶만이 가질 수 있는 맑은 웃음과 끊임없는 자기에의 도전을 보여 줌으로서 주위에 함박웃음을 가져다주고, 침울하고 우울한 사람도 홍미영 시인의 곁에만 가면 홍미영 시인의 자줏빛 자장에 흡수되어 건강한 생명의 빛을 가지게 되고, 맑은 영혼을 가지게 되어, 삶이 황홀하고 아름답다는 마음을 가지게 한다.

언제나 자신을 그냥 두지 않고 세상 밖으로 내몰아 나태와 태만을 경계하고, 건강한 생명의 빛을 나누고 다니는 홍미영 시인은 '신나는 생' 으로 '열정의 생' 으로 몸으로 시로 삶의 스케치를 우리에게 보여준다. 삶에 편승하지 않고 나태하지 않고, 시인으로 웃음치료사로 이제는 시를 노래로 전파하는 선구자로 쉬임없이 변화하고 가꾸어 가는 홍미명 시인의 열정과 아름다운 삶에 찬탄讚歎을 보내며, 이 한 권의 시집이 황량한 세상에 아름다운 노래로, 뜨거운 생명의 혼을 일깨우는 지침서로, 삶의 빛나는 가치를 들려주는 이야기로 독자의 가슴에 영원히 남기를 기대해 본다.

1권에서 6권까지 힘든 시의 행로를 묵묵히 걸어온 시인의 열정과 노력에 진심으로 뜨거운 박수를 보낸다.

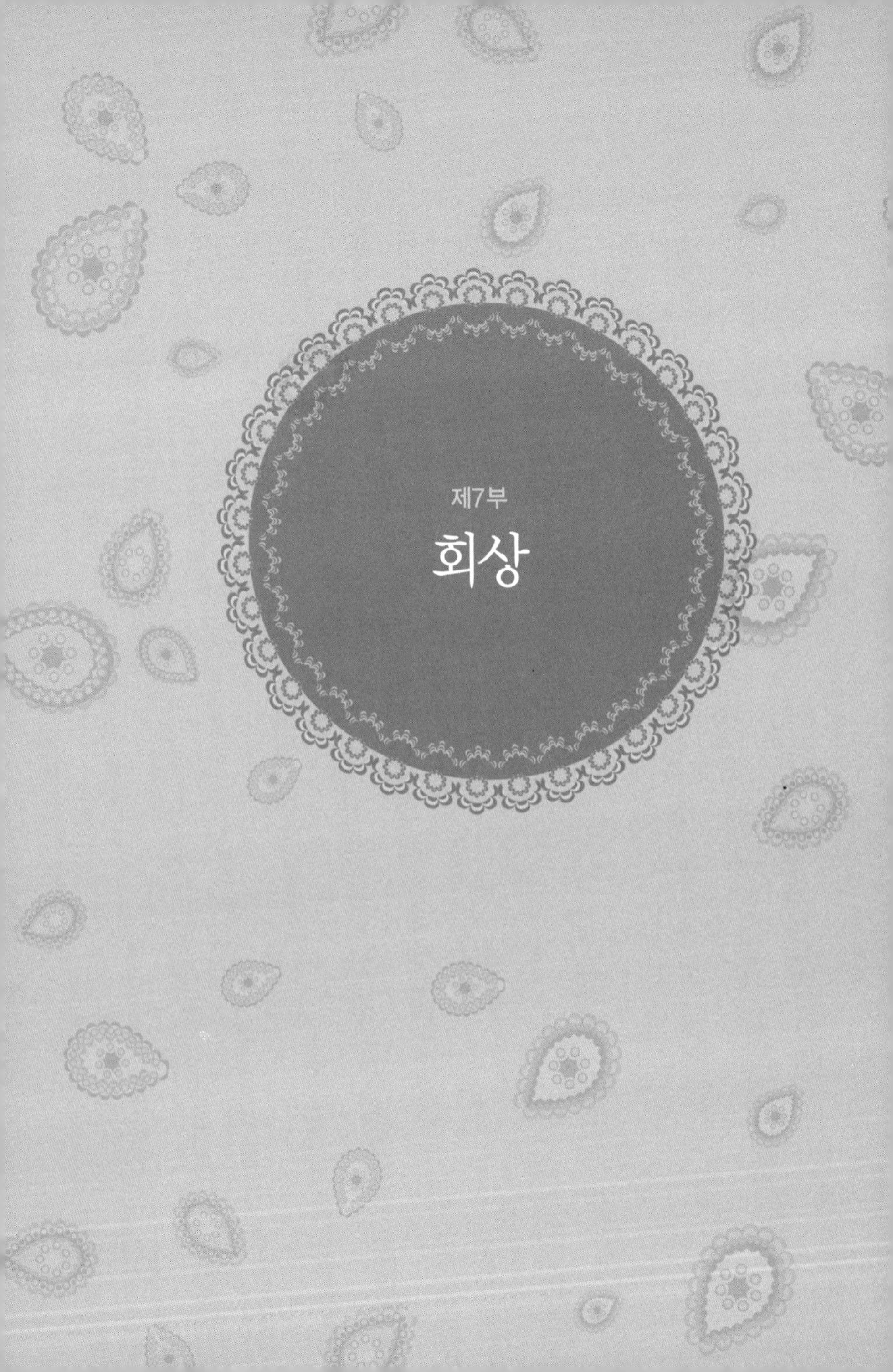

제7부

회상

지나간 나를 통하여
나의 실체를 깨달아
추구하는 삶의 색깔과 모양을
다시 점검하여
내 삶의 가치를
다시 일으켜 세웁니다.

내 이럴 줄 알았다

연녹색 움튼 가지마다 꽃망울
춘삼월 무안하게 눈 내려도
촌스럽게 사랑 감추며
수줍게 벙긋거리는 몸짓

앙다문 입술에 입 맞추며 포옹하는
꽃샘바람 관능적인 몸짓
한 잎, 두 잎 펼까 말까 망설이며
부끄럼타던 꽃봉오리

진한 유혹에 미소 짓다
저렇게 매혹되어 깔깔거리며
봄볕 온몸 벌리고 젖은 속살
내보일 줄 진작 알았지

제비꽃, 수선화, 목련, 개나리,
벚꽃, 진달래, 민들레, 할미꽃
세상 가득 천연색 꽃의 웃음.

눈물나무

그댈 바라보면
가슴이 먼저 달려가
깊게 맺힌 눈물을 흘리려 합니다.

그대는 눈물나무
나는 눈물 열매
우리의 추억은 모두가
아름다운 슬픈 눈물

모든 만남이 모두 이별인 세상
그래서 모두가 또 아픔이고
그래서 사랑은 눈물이라고
그렇게 노래하나 봐

그댈 바라보면 눈물이 먼저 달려가
이렇게 가슴 젖어드는걸
그대가 부르면 눈물이 왈칵 쏟아져
그댈 바라볼 수 없어요
다시는 다가갈 수 없어…

텔레파시

나 너 보고 싶어 전파 보내면
그대 심장의 박동으로 전달되어
다시 돌아오는 부메랑

그대도 내가 보고 싶은가
꽃이 아주 예뻐도 지켜볼 뿐 꺾지 않으면
다시 씨앗 맺고 새로이 기쁨 가득 꽃으로
피어나 미소 짓듯

사랑 서로 가슴 물 흐르듯
흐르고 싶은 날 자연스러움으로
우리 흘러보자

나 그대를 사랑하지만
너무나 부르고 싶은 당신
소리 내어 부를 수 없는 것은

너무 보고 싶으면 소리 없는
마음의 강으로 흐르니
보고 싶은 텔레파시 전달받았으면
당신 사랑 이내 가슴으로 보내주오.

회상

사랑의 노예
해방시켜 주어도
벗어날 수 없던

자유를 주어도
자유를 원치 않는
행복한 구속

그대라는 족쇄 차고
꽃 나래 행복하여
갇혀있던 시절

그저 좋아함으로
비싼 값을 치러도
좋았던 그때.

아름다운 색깔

그대 마음 푸른 빛 에메랄드
재스민 향기 닮은 그대 호흡

당신 넓은 가슴 귀 기울이면
그대 심장 걸어오는 소리

늘 따뜻한 영혼 그대 때문에
세상 온통 코발트그린 행복

생명 움트는 느낌
언제나 푸름이어서 좋아요.

그게 사랑

떨어질라 늦가을 나뭇가지 끝
매달린 나뭇잎 달랑거려도
끝내 떨어지지 못하는 정
미운 짓 하여도 밉지 않으면
그게 사랑인 거지

주고 또 주어도 자꾸 주고 싶은
보고 또 보아도 자꾸 보고 싶은
끊어지지 않고 이어지고만 싶은
무시로 떠오르는 그대

누가 생각하라 하지 않아도
숨 쉬듯 절로 생각나는 그대
사랑에 무슨 이유가 있겠는가.

말 없어도 마음 강
서로 끊임없이 흐르니
사랑하는데
무슨 토를 달겠는가.

천 년 사랑

그대와 함께라면
몇 겁 억만년 어디든 동행하는
영원한 사랑이 되고 싶어라

이 엄동설한 추위에도
꽃으로 피어나 속살 부드러운
향기를 품고 있으니

그대 한 송이로도 넉넉할
장미 열 송이 백만 송이
억만 송이 사랑

쌍방 통행

사랑받아본 사람은
사랑을 할 수 있고

용서받아본 사람은
용서를 할 수 있고

기다림을 받아 본 사람은
기다릴 수 있고

그리워 해본 사람은
그리움도 줄 수 있어

살아 숨 쉬는 날까지
변함없이 즐길 것은
사랑하는 것

나의 이름
부를 수 있을 때까지
당신 날 사랑해 주고

당신 이름
부를 수 있을 때까지
당신 사랑할 것입니다

그대의 꽃

그리워하다 못내 아쉬워
돌아서던 시간 사랑에 흠뻑 빠져
차라리 이곳에서 당신의 꽃으로
피어 있으니

좋아한다고 사랑한다고
하늘 허공으로 날리던 숱한 고백
순백색 온전한 믿음
몸으로 말을 하고

진정한 사랑은 웃음보다
눈물 속 함께하기에
당신 아픔 함께 쥐고 우는 눈물 꽃
그대의 꽃입니다.

어둠 속에서

누구세요
날마다 외로움의 찻잔 마시며
고독한 그림자 생각 비워낼수록
가슴 깊은 곳 파고들어 온밤
지배하는 당신…

누구세요
끝 보이지 않는 반그림자
간헐적으로 떨리는 핏줄 사이
고운 향수로 흐르는
호수 되어 반짝이는 당신…

누구세요
주체할 수 없는 이 설움의 강
가슴 속 때론 위로 되고
더러 건너지 못한 만남
혼자만의 고독에 젖게 한 당신…

누구세요

알뜰히 혼자되기 위해 애쓸수록

안겨오는 고운 슬픔

아련히 비쳐오는 달빛 웃음

은은한 향수 당신은…

마음의 방

어둠 세상 덮고 외로움 찾아오면
오직 그대 생각으로 점철된
내면의 방 더욱 환히 밝아지면
그리움 더욱 빛을 발하는
당신의 방

아주 오래전부터
가까웠던 듯 익숙한 그대
세상 그 어느 곳 보다 포근한
행복 방 당신이 주인입니다

이일 저일 많고 많은 세상사
피할 수 없는 운명
변치 않는 사랑
무시로 당신을 꿈꿉니다.

밤 깊을수록 마음 깊은 곳
사랑이라는 방으로
나를 온통 점령하고 있는
당신은 나의 주인입니다

바위 사랑

넝쿨을 사랑한 바위
천 년의 세월,

한철 기대었다 사라지는
넝쿨의 여린 숨결

사랑 온몸 새겨놓고
속울음 삼키는 눈물

온몸 검은 멍들이며
사랑 문신 새기고 있는.

존재 2

당신이 행복하면 됐지요
당신이 잘 있으면 좋은 거고
당신이 즐거우면 좋은 거고
당신이 기쁘면 좋은 거고

당신이 아프면 안 되지만
당신이 우울하면 안 되지만
당신이 외로우면 안 되지만
난 언제나 사랑 그대 바라기

죽는 날까지
내 사랑은 당신 향한 기쁨
오직 당신만 사랑할 것

이방인

이 길까지 오는 길 얼마나 힘들었나요?
또 앞으로 남은 길 얼마나 될까요?
삶의 길은 알 수 없는 미로
이 길에서 당신 만남은 인연이겠죠.

당신도 나도 모두 이방인
두 손 벌리고 안겨 오면
알 수 없는 불안에 떨다
밝음 찾아오면 행군해야 하는 삶
우리 미워하지 않기로 해요

소중한 것만 기억하기로 하고
아름다웠던 날만 우리 가는 길
하고 싶은 말 가슴에 잠가 놓고
마음으로 전달하고 서로 이해하며
축복만 하기로 해요

검정 비닐봉지

루이뷔통 백보다
샤넬 가방보다
까다롭지도
도도하지도 않은

콩이니 팥이니
똥이니 된장이니
품어주는 것 부담 없이
품어주는 너그러움

겉모습 화려함보다
속 꽉 찬 진심
편해서 좋은
검정 비닐봉지

똥 보따리

어찌 이리 버리지 못해
무거운 짐 지고 힘들어하는가.
풀어 줌으로 놓임을 받는다는 삶의 비밀
왜 그 숱한 똥 보따리 미련 욕심으로
이고 지고 힘이 드는가.
내려놓으므로 가볍고 즐거울 텐데.

바람의 위로

누구나 죽을 만큼
다 아프지만
사는 거야

지금은 나만 아픈 듯
더 없이 서럽지만

산다는 것은
다 눈물 날만큼
슬픈 것을.

나들이

어디라도 좋아
생의 고뇌 얼룩진 벌판
달콤한 꽃나비 날갯짓
함께 있으면 그저 좋아라.
그대 때문에
꽃 되어 있는 오늘.

각자의 몫

생을 사랑하지 않으면서
세상을 산다는 것처럼
슬픈 일이 또 있을까?

사랑을 질투하면서
사랑하지 않는 것은
꽃피울 줄 모르는
눈먼 꽃나무와 같으니

사람이 사람으로
살아간다는 것
얼마나 행복한 일인가

보고 싶은 그리움을
날마다 채워가며
사랑하는 일은 또
얼마나 아름다운 일인가

저마다의 행복과
저마다의 사랑
또 몫을 채우며 사는 일
사람이라서 좋다.

〈작품 해설〉

사랑의 변주곡 –홍미영 시에 붙여

하길남(시인 · 문학평론가)

1, 머리말을 대신하여.

화자의 시 〈각자의 몫〉, 〈마음의 방〉 등 2편 속에 '사랑' 이란 단어가 무려 7번이나 반복되고 있다. 결국, 시 열 편에 '사랑' 이란 낱말이 거의 다 들어있다 해도 좋을 것이다. 그만큼 화자는 '사랑' 을 노래하면서 '사랑' 에 취해 있는 셈이다. 사랑은 말할 것도 없이 우주 생성의 본질이기 때문에 더 말할 필요가 없을 것이다. 우주란 바로 무수한 원소들과의 결합에서 조성되는 것이니까. 이 결합의 논리는 바로 사랑인 까닭이다. 증오가 바로 파괴이듯이 말이다.

그런 의미에서 화자는 (1) 사람을 사랑하지 않는 것은 슬픈 일이 된다. 그리고 (2) 사랑하지 않는 것은 꽃피우지 못하는 즉 결실을 맺지 못하는 의미 없는 일이 되는 것이다. (3) 사랑하는 일은 곧 아름다운 일이 되는 것이다. 즉 사랑은 진선미가 되는 것이 아닌가.

앞에서 잠시 살펴본 봐와 같이, 결론적으로 말하자면 사랑은 바로 만유의 본질, 창생의 근원인 까닭에 결국 화자는 우리들 그 시원의 본성을 노래하고 있다해야 할 것이다. 이러한 처지에서 볼 때, 다음 시는 우리들에게 자각, 그 깨달음의 원초적 담론을 제공해 주고 있다 해도 좋을 것이다.

2. 사랑의 노래, 그 영원한 담론

화자에 있어 사랑의 생활화 즉 사랑은 바로 '생존의 거소'가 된다. 한 마디로 정의하자면, 우리들이 흔히 말하듯 '실천적 사랑'이 된다 하겠다. 그래서 생활의 거소 즉 방이 사랑의 실천적 거소로서 일상화되고 있는 것을 보게 된다. 사랑이 생존적 이유가 되는 것이라 하겠다. 비유하자면 꽃나무가 꽃을 피우는 이치와 같다 하겠다.

생을 사랑하지 않으면서
세상을 산다는 것은
슬픈 일이다.

사랑을 질투하면서
사랑하지 않는 것은
꽃피울 줄 모르는
눈먼 꽃나무이다.

–중 략–

사랑하는 일은 또
얼마나 아름다운가.

–시 〈각자의 몫〉에서.

그래서 화자는 '사랑'을 하나의 '방'에 비유하고 있는 것을 보게 된다. 그것은 시 '마음의 방'에서 '마음속 가장 아름답고 커다란 방/ 당신의 방이 있습니다./ 내 마음의 주인 변치 않는 사랑'이라고 진술한 대목에서 알 수 있다. 또 '사랑이라는 방'으로라고 하면서 직접적으로 묘사하고 있는 것이 아닌가.

그렇다. 사랑은 마침내 하나의 방일시 분명하다. 사람에게 있어서 '방'이란 얼마나 많은 의미를 내포하고 있는가. 사실상 인간의 사회활동은 거의 방에서 이루어지기 때문이다. 우리가 흔히 밖의 일, 즉 직장 등을 연상하기도 하지만, 사실 인간의 거의 모든 일은 방에서 이루어지는 것이 아닌가. 모든 일의 기획과 탄생은 방에서 시작되기 때문이다.

방이란 바로 인간의 삶, 그 거소가 될 뿐만 아니라, 인간의 원초적 소우주인 것이다. 그래서 화자가 사랑의 거소로서 방을 끌어들인 것은 참으로 적절한 비유가 된다 하겠다. 그런 까닭에 마침내 사랑은 이 방의 주인이 되는 것이다.

맘 속 가장 아름답고 커다란 방
당신 방이 있습니다
어둠 세상 덥고 외로움 찾아오면
당신 방은 더욱 환히 밝아지고
당신 향한 그리움 더욱 빛을 발하는
당신의 방

세상 그 어느 곳보다 포근한
행복의 밤
당신이 주인입니다
아주 오래 태어나기 전부터
가까웠던 듯 익숙한 그대

이일 저일 많고 많은 세상사
그래도 당신만은 피할 수 없는 운명
내 마음의 주인 변치 않는 사랑
무시로 당신을 꿈꿉니다
밤 깊을수록 마음 깊은 곳
나를 온통 점령하고 있는
당신은 나의 주인입니다

-시 〈당신의 방〉에서.

앞에서도 언급한 바 있듯이 화자는 이 시의 말미쯤에서 '사랑을 피할 수 없는 운명' 이라고 말하고 있는가 하면, '화자를 점령하고 있는 주인' 이라고 단언하고 있는 것을 볼 수 있다. 뿐만 아니라, 시 '중독' 을 보면, 바로 시의 제목이 말해주듯이 '사랑이 바로 중독' 이라는 것을 명시해주고 있다. 그런가 하면 '사랑은 역시 열병' 이라고 말한다.

언제쯤이면
지독한 사랑의 열병
끝이 날까?

-시 〈중독〉애서.

그런가 하면 화자는 또 시 〈나들이〉에서, 사랑을 '생의 고뇌' 라고 표현하면서, 또한 '달콤한 날갯짓' 이 되는가 하면, '꽃나비' 가 되고 '꽃' 이 되기' 도 하는 것을 읽게 된다. 결론적으로 말하자면, '고뇌' 가 '달콤한', 즉 '지옥이 천당' 이 된다는 이야기가 아닌가. 그것을 우리는 일찍이 '사랑의 묘약 '이라고 일컬어왔던 것이다.

생의 고뇌 얼룩진 벌판
달콤한 꽃나비 날갯짓
함께 있으면 그저 좋아라
그대 때문에
꽃 되어 있는 오늘…

—시 〈나들이〉에서.

그렇다. 화자의 주문은 그것뿐이 아니었다. 여기에 인간적 인내 즉 훈련까지 주문하고 있는 것을 보게 된다. 그것을 '비우는 훈련' 이라고 했다. 즉 '버리기 연습' 인 것이다. 여기서 우리는 화자의 불교적 해탈을 위한 철학까지 읽게 되는 것이 아닌가. 그래서 화자는 끝내 '신에의 의지' 까지 즉 '신을 만나는 날까지 정진하게 되는 것' 을 보게 된다.

시 〈비우는 훈련〉을 보면, '욕심' 과 '미움' '집착' 을 드러내는 인간적 자기 훈련을 선물 받게 되는 것이다.

욕심, 끄집어내고
미움, 끄집어내고
집착, 끄집어내고

오른손 왼손 빗자루 되어
골진 가슴

멍든 가슴을 쓸어내립니다.

—시 〈비우는 훈련〉에서.

오른손과 왼손이 모두 빗자루가 되어 멍든 것(가슴)을 다 쓸어내리고 마는 것이다. 이러한 진술은 사실상 탈속한 경지까지 이르고자 하는 화자의 시심을 읽게 된다. 사실 인간은 이러한 자기통제, 생활한 중용의 지혜를 익혀야 하는 것이다. 사람이 망하게 되는 것은 사실상 자기 욕심의 굴레에서 자유로워지지 못하기 때문이다.

이와 같은 탈속적 경지는 시 '신의 선물'에서 극명하게 드러난다.

신을 만나는 그날까지
희망의 한 줄 부여잡고
처절한 몸부림

쪽빛 바다의 맑은 영혼을
신뢰하며 계곡과 바다
넘나드는 삶

—시〈신의 선물〉에서.

화자는 끝내 신을 만나는 희망, 그 영혼을 구하는 신뢰의 삶을 희구하고 있는 것이다. 그것이 화자가 말하는 신에의 길임은 두 말할 나위도 없다. 이러한 영원성을 화자는 바다에 비유하고 있는 것을 보게 된다. 바다는 영원한 역동성을 말하고 있을 뿐 아니라, 생명 그 자체의 원초적 거소라는 것을 우리는 익히 알고 있다.

물이 생명의 발생적 원소라는 것을 굳이 말하지 않더라도, 물이 젖이요, 피요, 눈물인가 하면 정액이라는 것을 굳이 상기할 필요조차 없다 하겠다.

3. 이야기 시와 융화의 도

(1) 이야기 시

화자의 시에서 또 한 가지 덧붙이고 싶은 것은 이야기로 된 이야기 시와, 융화의 곡을 영상하게 하는 시적 담론을 읽을 수 있는 또 다른 시의 맛을 우리는 읽게 된다.

쉴 새 없이 달려가는 삶
옆도 뒤도 볼 새 없이
굴러가는 수레바퀴 보조 맞춰
눈뜨면 달려가는 민생고 현장
손님 집으로 올까 겁나는

불규칙 제멋대로 자리한
가재도구 살림살이
오늘도 칠순을 훨씬 넘긴
영원한 사랑 어머니가
당신 갖고 계신 작은 딸 현관카드와
비밀번호 문 따고 살짝
다녀가셨다

-이하 생략-

-시〈우렁이 각시〉에서.

더 설명할 필요도 없이 이 시는 바로 이야기로 꾸며진 시다. '손님 집으로 올까 겁나는.' '가재도구 살림살이.' '당신 갖고 계신 작은 딸 현관카드'와, '비밀번호 문 따고 살짝 다녀가셨다.'와 같은 그야말로 이야기 그 자체라 하겠다. 음률도 없다. 낯설게 하기 같은 것도 없다. 시적 기교나 감성을 어디에서도 찾을 수가 없다. 그런데 마지막 연에서 '감동의 눈물'이라고 적어놓고 있다. 화자는 차라리 시적 기교보다 솔직한 진술에서 감동을 받게 되는 것이다.

(2) 융화의 도

화자의 '진실'이라는 시를 보면, 세상사는 일이 바로 융화의 도장이라는 것을 알게 된다. 또한 오늘날 우리들의 화두는 통섭이 아닌가. 오늘날 예술은 융화의 모습으로 나타나고 있다. 서양음악과 한국의 국악이 접목되는가 하면, 의학계에서도 서양의학과 동양의 의술과 접목이 나타나고, 문학과 과학의 융화가 시대의 흐름으로 자리 잡고 있다.

이제 어느 누구도 독불장군은 없다. 융화를 떠난 어떤 것도 상상할 수가 없을 만큼 지금은 융화가 보편화된 시대이다. 요즘 시내에 나가보면 남성과 여성의 복장까지 잘 구별할 수 없을 정도가 아닌가. 사실 여성인지 남성인지 잘 구별하지 못하는 중성 같은 복장을 한 이들을 우리들은 만나고 있다. 사실 성전환 수술이라는 것도 보편화가 된 시대가 아닌가.

설익은 김치보다
곰삭은 김장김치
또 떫은 땡감 아닌
알맞게 익어
군침 도는 맛난 연시

그러나 생의 진실은
감(感)에서 오는 거
측정하지 않아도
마음으로 눈으로 읽어
알맞게 맞추어

뜸 들여 먹는 밥처럼

—시 〈진실〉에서.

사실상 화자의 시는 너무 쉬워서 일일이 설명을 덧붙일 필요가 없을 것이다. '곰삭은 김장김치.' '뜸 들여 먹는 밥처럼' 이라는 말만 들여 보아도 우리는 융화의 논리 그 도를 읽게 된다. 곰삭는 것이 바로 융화의 논리임을 더 말할 나위도 없는 일이다. 화자에 있어서 이러한 융화의 논리는 결국 마음에 있다고 역설함으로써, 다만 시적 기교나 담론으로서의 융화적 사상보다, 이러한 삶의 지평에 대해 역설하고 있음을 알게 된다. 즉 우리에게 융화적 삶을 살아라고 역설하고 있는 것이다.

이미 말한 바와 같이 우리는 이제 이 융화의 논리를 떠나서 더 살 수 없는 시대에 살게 된 것이다. 그런 면에서 본다면 화자야말로 가장 현실적인 실용적 노선을 걷고 있는 시인이 아닐까 하고 생각해 보게 된다. 말하자면 현실참여적인 처지에서 시를 쓰고 있는 시인이라 해도 좋을 것이다. 그래서 어쩌면 가장 시대의 첨단을 걷고자 하는 시대의 나팔수적 역할을 자임하는 시인이라는 생각을 갖게 하는 것이다.

4. 마무리를 대신하여

사랑의 사상은 결국 신에의 의지라 할 수 있다. 화자는 마침내 이 신에의 귀의를 궁극의 화두로 들고 있는 것을 보게 된다. 스스로 신을 만나고자 하는 화자의 진술에서 우리는 결국 우리가 가야할 곳이 마침내 영원의 실체였구나 하고 공감하게 된다. 그것을 화자는 '신의 선물'이라고 말하고 있는 것이다.

신을 만나는 그날까지
희망의 한 줄 부여잡고
처절한 몸부림

쪽빛 바다의 맑은 영혼을
신뢰하며 계곡과 바다
넘나드는 삶

-〈신의 선물〉에서.

우리는 화자의 시 〈으흠〉에서도 '하늘'이 두 번씩이나 반복되고 있는 것을 볼 수 있거니와 역시 시 '신의 선물'에서 '신을 만나' '맑은 영혼' 등 신에의 의지를 접하게 된다. 이 외에도 화자의 시에서 '융화'나 '생의 진실' 등을 노래한 시 〈진실〉도 기억하고자 하는 것이다.

결론적으로 말하자면 지금까지 보아왔던 것처럼 화자의 시는 '사랑과 그 신에의 융화와 통섭의 논리, 그 화합의 장'을 말하고 있다 하겠다. 앞으로 홍 시인이 제7, 제8시집 등 시집을 펴낼 때마다 더 큰 시의 성취와 감동이 독자들의 마음속에 메아리칠 것을 믿어 의심치 않으면서 이 설익은 논의를 끝맺는다.

〈추천사〉

‘한비문학’이 낳은 대표적 시인 홍미영

김원중(시인 · 한국문협 고문 · 포스텍 명예교수)

2009년 연초, 내가 한비문학과 인연을 맺은 후 수많은 시인을 만났다. 아니, 시를 공부하고자 하는 예비 시인들을 만났다고 하는 것이 정확한 표현일 것이다. 이른바 예비시인들 중 홍미영 시인만큼 다재다능한 시인은 보기가 드물었다.

홍미영 시인은 시를 이론적으로 공부하겠다는 생각보다 무조건 시를 써보고 시집을 발간하는 것이 더 큰 공부가 된다고 생각하였다. 구양수가 일찍이 말한 글 쓰는 세 가지 요건 중 다독多讀, 다작多作, 다상량多想量 중 다작에 매진한 것이다. 어디서 시작의 에너지가 쏟아지는지 신기할 뿐이다. 홍미영 시인은 시를 쓴다기보다 마구 시를 쏟아낸다는 말이 더 어울릴 것이다. 만약 그러한 다작의 훈련이 없었다면 오늘날의 홍미영 시인은 없었을 것이다.

내가 이번에 발간하는 시집〈회상〉의 추천사를 쓰기 위해 과거 몇 권의 시집을 간행하였는가를 한비의 김영태 회장에게 물었더니 일곱 번째 시집이라고 했다. 참으로 놀랄 일이다. 시단에 데뷔하기 전부터 〈미운 오리 그리고 사랑〉을 냈고, 그 이후 간행한 시집 중 다섯 번째 시집〈걸어다니는 꽃〉의 후기에 내가 작품 해설한 기억이 나서 다시 들춰보았더니 "행복전도사, 산소 같은 여자"라고 하였다.

과연 그렇다. 나는 아직도 〈흥부가족〉같은 이미지를 홍미영 시인에게 갖고 있다. 모든 것이 풍부하고 넘친다. 웃음도 넘치고, 행복 바이러스도 넘치고, 시를 쓸 수 있는 꿈도 풍부하다. 써도 써도 마르지 않는 시의 샘을 지니고 있는 시인이다.

어떤 시인은 일생에 한 권의 시집도 발간하지 못하는데 홍미영 시인이 벌써 일곱 권의 시집을 발간하는데 그것도 대부분 시집이 〈회상〉처럼 100편이나 되니 또 감탄할 뿐이다. 시에 대한 열정과 사랑이 이루어낸 결과로, 지난 시집들에 비해 이번 시집은 문학적으로도 많은 성숙함을 보여주어 그동안의 노력이 효과를 내기 시작하였고, 그동안 이루어낸 공부가 헛 손짓이 아니어서 안심이 된다.

홍미영 시인의 〈회상〉 시집 발간을 축하하며 많은 관심과 일독을 권해 마지 않는다.

〈추천사〉

사랑의 세포 하나하나

서정윤(시인)

홍미영 시인이 일곱 번째 시집을 낸다고 한다

시집을 일곱 권 정도 내면 신인을 넘어 중견 시인이라고 할만하다.

신인일 때는 그냥 자기가 하고 싶은 말을 쓰면 되고 또 누구의 눈치를 보지 않고 마음대로 작품 활동을 하면 되지만 중견시인이라면 문학의 사회적 가치, 또 시가 독자에게 주는 따스함을 생각해야 하는 시기가 되었다는 말이다. 그냥 단순히 시가 좋아서 시를 쓰는 단계는 넘어섰다는 말이다. 나의 시가 독자에게 가서 그 독자의 가슴에서 어떻게 공명하고 또 그 독자를 움직이게 할 것인가를 고민해야 하는 때가 되었다는 말이다.

그런 점에서 홍시인은 그 이상향을 사랑이라는 유토피아에 맞추고 있다.

인간의 근원적 외로움과 고독에서 오는 공허감, 아무도 채워줄 수 없는 그 허무에서 벗어나기 위해 시인은 사랑을 찾고 있다.

우리 주변에서 흔히 접하는 모든 것들, 심지어 생명을 가진 것들의 근원 점을 사랑이라고 볼 때 시인은 그 사랑을 향해 한발 한발 나아가고 있는 것이 보인다.

그것은 지금까지 시인이 상재한 시집들의 제목만 봐도 명백히 드러나고 있다.

1시집: 미운 오리 그리고 사랑. 2시집: 바람의 손을 잡고. 3시집: 웃음 푸는 여자. 4시집: 행복을 팝니다. 5시집: 걸어다니는 꽃. 6시집: 사랑, 슬픈 거짓말. 그리고 이번에 상재하는 7시집: 회상. 에 까지 사랑에서 벗어나 있다고 할 수 없는 것들이다.

이 사랑은 우리 삶의 영원한 과제이고 또 살아있는 동안 지향해야 하는 목표점이다.

그렇게 볼 때 시인은 내부에서 샘물을 길어 올리듯 계속해서 사랑을 길어 올리고 있는 것이다, 아니 어쩌면 시인은 사랑을 뿜어내고 있는 것이라는 말이 옳을 것이다.

사랑을 샘물처럼 솟아날 수 있다는 것은 시인의 마음이 아직도 젊다는 말일 것이다.

그런 점에서 자신의 세포 하나하나를 사랑으로 채우고 있는 홍 시인에게 박수를 보낸다.

〈축사〉

창조가 주는 변신의 기쁨

김영태(시인 · 한비문학 발행인)

홍미영 시인의 7번째 시집 발간을 축하하면서, 끊임없는 열정이 바탕이 된 창조를 통한 변신에 큰 박수를 보낸다.

홍미영 시인이 상재하는 책은 책 이상의 의미를 보여 준다. 홍미영 시인이 그동안 발간한 책에서 보여주었던 미운 오리로부터 시작하여 희망의 전도사로 변신하는 통통통 까지의 행보는 한 곳에 머무르지 않고 더 넓은 곳, 높은 곳을 향하여 걸음을 옮기는 유쾌하고 상큼한 모습을 가지고 있다.

한곳에 머무르지 않고 끝없이 펼쳐지는 홍미영 시인의 창작은 글을 쓴다는 행위에서 벗어나 새로운 것을 창조하고 구축해 나가는 변신의 단계에 이루고 있다. 그 변신의 단계를 보여주는 것이 홍미영 시인이 심혈을 기울여 발간하는 책들이다.

탈피는 새로운 곳으로 향하는 전단계로 그 과정이 잘못되면 옳게 허물을 벗지 못하거나 영영 거기에서 벗어나지 못하고 머물게 되기 때문에 옳은 탈피를 위해서는 탈피의 행위보다 허물을 만드는 과정이 제일 중요하다. 그 과정을 보여주는 홍미영 시인이 우리에게 보여주는 책이다. 그렇다 보니 홍미영 시인의 책에는 창작 이상의 무엇이 있다.

이번에 발간하는 제7 시집의 제목인 "회상"이 전하는 것도 그것이다. 회상은 머리와 가슴에 쌓인 것을 점검하여 돌아보는 것이 회상이다. 그 회상이 새로운 창조의 전단계인 허물로 7집에서 보여주는 시어 하나, 시 한 편에는 이전의 홍미영을 아우르는 모든 것과 새로운 홍미영 그리고 제8집이나, 제2의 통통통으로 변신할 홍미영을 보여주고 있다.

언제나 기대를 가지고 살아가는 것은 성장의 힘이다. 그 성장의 힘을 잃지 않고, 창작으로 이끌어가는 홍미영 시인의 열정과 자신에 대한 열광이 우리를 힘이 나게 하고 기쁘게 한다.

미운 오리에서 우아한 백조로 기쁘고 즐겁게 변신을 거듭하는 시인의 행복한 문학에 동참하여 어깨를 들썩거려 본다.